増補改訂新版

事業承継対策と 金庫株活用法

著 ：佐藤雅孝

新日本保険新聞社

はじめに

　平成20（2008）年1月25日の初版発行から12年を経過し、改訂版を出すチャンスに恵まれました。㈱新日本保険新聞社の榊原氏に感謝いたします。

　先日、医療法人に同行訪問すると、理事長が「出資持分を法人が買い取ってくれたら一番ありがたい」と何度も呟いていました。

　それって、株式会社の『金庫株』のことですよね？

・新型コロナウイルス感染症禍の市場環境の変化の影響で、事業承継対策の必要性が急増している。テレワーク等に対応する現役高齢経営者が、若い後継者候補に期待するのは必然である。あわてて不明株主問題に取り組むにしても、自社株評価が重要な要素だ！

・人生100年時代を元気に生きるオーナー経営者は、認知症になったら会社経営と個人の資産の管理上のリスクを知らないと、会社と家族が大変だ！

　過去に行われた商法改正により、自社株を取得することが事由を問わず自由になり、保管し続けることもできます。いわゆる『金庫株』と言われるものです。金庫株には議決権はありませんので、オーナー一族の経営権が弱まることもありません。さらに、平成18年5月から施行された会社法では、会社が株主から自社株を強制的に取得できる制度も設けられました。

　金庫株制度は、相続税対策と納税資金対策において効果を発揮することになります。前者は、オーナー社長が保有する自社株を生前に自社に譲渡することにより、将来の相続財産を減少させるものです。後者は、オーナー社長が死亡後、相続人が相続した自社株を発行会社に買い取ってもらうことにより相続税の納税資金を確保するというものです。

　いずれも会社に資金が必要となりますが、生命保険を活用することにより、会社の運転資金に影響を与えずに買取り資金を調達することができます。この他にも、相続した自社株を物納することにより納税資金対策とし、その後会社が買い戻すという方法もあります。

　どちらにしても、それ相当の資金が会社内にないと自己株式の取得はできません。ここでいう資金とは、現金や預金の手持ち額だけではなく、『剰余金の分配可能額』という貸借対照表の資金も必要です。ここでも生命保険が活用できます。

　本書では、事業承継対策と金庫株活用法、そして生命保険の活用ポイントを知っていただくため、まず、相続税・贈与税の基本的な知識について計算の仕方などの事例をあげて解説しています。また、市場がなく取引事例も限られている自社株（本書では未上場の株式を指します。以下同様）は、税務上、その時価の解釈に対するトラブルが絶えません。そこで、各税法が定める時価、すなわち"税務上の時価"といわれるものについても解説し、生命保険をツールとして自社株買取りと勇退退職金、死亡退職金の支給について解説

しています。

　日本のオーナー経営者の人生がより豊かになるように、僕も研究を続けてまいります。ただし、自筆証書遺言はご準備してください、巻末資料に簡単なサンプルを載せておきましたので、ご参考にしてみてください。

　今回の改訂にあたり、第5章を新設しました。「人生100年時代」に備えるためにも認知症問題と法律問題の諸々の論点を紹介しています。

　第5章につきましては、株式会社The UNIBEST Group（関連法人：司法書士法人・行政書士法人・土地家屋調査士法人UNIBEST）代表取締役の坂本拓也氏に執筆を依頼しました。

　坂本先生、どうもありがとうございました。

令和2年5月 銀座にて　佐藤雅孝

目　次

第5章　オーナー社長が認知症になったら？

第1章
相続税とは？

Q-1 相続税とは?

◆相続税は相続人や遺贈により財産を取得した人に課税される

　相続により被相続人（死亡した人）の財産を取得した相続人や遺贈により財産を取得した受遺者に対して、相続税が課税されます。

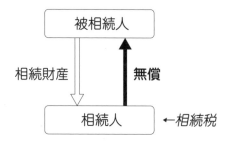

◆相続税の計算

1．遺産の総額が基礎控除額を超えると相続税が発生する

　相続税には「3,000万円＋600万円×法定相続人の数」の基礎控除額が設けられており、被相続人の遺産の合計（課税価格の合計）が遺産に係る基礎控除額を超えた場合に申告と納税の義務が生じます（次頁1)）。

2．相続税の総額は法定相続人の数で決まる

　相続税は相続等により実際に財産を取得した者に取得した財産の額に応じた税率による課税がなされますが、一方では遺産分割のやり方により相続税額が左右されないように、法定相続人のみが法定相続分で相続したものとみなして相続税の総額を計算します（次頁2)）。

3．相続税の総額を各財産取得者に按分する

　各相続人等が実際に負担する税額は、相続税の総額を実際の財産取得者が取得した財産の割合で按分して計算します（次頁3)）。

　このように、我が国の相続税は、遺贈等により法定相続人以外の財産取得者を増やしても相続税の総額は減少しない仕組みになっています。なお、孫を養子にするなど、養子縁組をすれば法定相続人の数は増えますが、相続税の総額の計算上は、養子（普通養子）は1人までしか法定相続人の数に算入できません。被相続人に実子がいない場合は2人まで算入できます。

　相続税は、各相続人が相続の開始があったことを知った日の翌日から10ヶ月以内に金銭で一括納付することが原則です。ただし、一括納付が困難な場合には「延納（分割払い）」が認められ、延納も困難な場合に「物納」が認められます。

法定相続人は甲、乙、丙の3人とします。

1）相続税が課税される遺産の額を計算する

遺産総額－遺産に係る基礎控除額※＝課税遺産総額

※3,000万円＋（600万円×法定相続人の数）

2）相続税の総額を計算する

課税遺産総額 × 甲の法定相続分 ＝（A）
　　　　　　　（A）×税率（B）－控除額（C）
　　　　　　　＝税額（甲）

　〃　　　× 乙の法定相続分 ＝（A）
　　　　　　　（A）×税率（B）－控除額（C）
　　　　　　　＝税額（乙）

　〃　　　× 丙の法定相続分 ＝（A）
　　　　　　　（A）×税率（B）－控除額（C）
　　　　　　　＝税額（丙）

相続税の総額

$$\left[\begin{array}{c} 税額（甲）\\ ＋\\ 税額（乙）\\ ＋\\ 税額（丙） \end{array}\right]$$

3）各相続人の負担すべき相続税の額を計算する

相続税の総額 × $\dfrac{甲の課税価格}{課税価格の合計}$ ＝ 甲の相続税

　〃　　× $\dfrac{乙の課税価格}{課税価格の合計}$ ＝ 乙の相続税

　〃　　× $\dfrac{丙の課税価格}{課税価格の合計}$ ＝ 丙の相続税

相続税の税額速算表

法定相続人の取得金額（A）		税率（B）	控除額（C）
	1,000万円以下	10%	0円
1,000万円超	3,000万円以下	15%	50万円
3,000万円超	5,000万円以下	20%	200万円
5,000万円超	1億円以下	30%	700万円
1億円超	2億円以下	40%	1,700万円
2億円超	3億円以下	45%	2,700万円
3億円超	6億円以下	50%	4,200万円
6億円超		55%	7,200万円

例）・遺産の総額5億円
　　・法定相続人は配偶者、長男、次男の3人
　　・法定相続分は配偶者1／2、長男1／4、次男1／4
　　・遺産分割の状況は下記のとおり

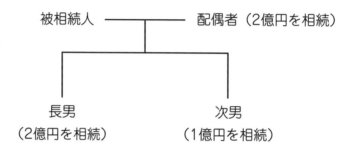

被相続人 ━━━━ 配偶者（2億円を相続）

長男　　　　　　　　次男
（2億円を相続）　　　（1億円を相続）

1．課税される遺産の総額
　　①遺産総額　50,000万円
　　②基礎控除額　3,000万円＋（600万円×3人）=4,800万円
　　　　　　　　　　　　　　　　　　法定相続人の数
　　③課税遺産総額　①－②=45,200万円

2．相続税の総額
　　課税遺産総額を法定相続人に法定相続分で按分してから税率を乗じます。
　　①配偶者　45,200万円×1／2×45%－2,700万円=7,470万円
　　　　　　　　　　　　　法定相続分　　税額速算表より
　　②長　男　45,200万円×1／4×40%－1,700万円=2,820万円
　　　　　　　　　　　　　法定相続分　　税額速算表より
　　③二　男　45,200万円×1／4×40%－1,700万円=2,820万円
　　　　　　　　　　　　　法定相続分　　税額速算表より
　　④相続税の総額=①＋②＋③=13,110万円

3．各相続人の負担すべき相続税
　　相続税の総額を実際の財産取得者に取得財産額の割合で按分します。
　　①配偶者の負担すべき税額
　　　　13,110万円×20,000万円／50,000万円=5,244万円※
　　　　※配偶者特例を適用すれば納付税額が生じないケースもあります。
　　②長男の負担すべき税額
　　　　13,110万円×20,000万円／50,000万円=5,244万円
　　③次男の負担すべき税額
　　　　13,110万円×10,000万円／50,000万円=2,622万円

Q-2　生命保険は相続税対策になる？

◆死亡保険金の課税関係

　生命保険は、①将来の相続財産の評価引下げ及び②相続税の納税資金財源確保として相続税対策に効果を発揮します。

　ところで、個人が死亡保険金を受け取った場合、保険料負担者が誰かにより以下のように課税関係が異なります。相続税や所得税で課税される場合には、それぞれメリットがありますが、一般的には、被相続人の課税遺産総額と保険金受取人の課税所得の額を勘案して課税関係を決めるとよいでしょう。

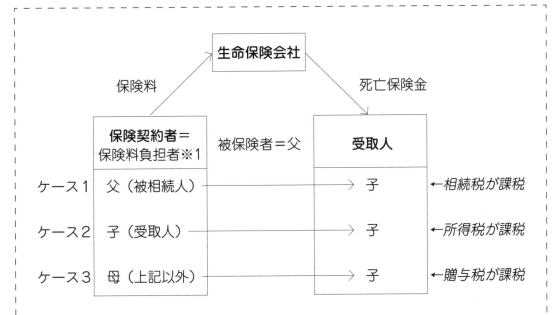

ケース1　相続税が課税される場合
　　死亡保険金額－(500万円×法定相続人の数)＝課税価格に算入される額
　　　　　　　　　　　非課税金額

ケース2　所得税が課税される場合
　　(死亡保険金額－正味支払保険料※2－50万円)×1／2
　　　　　　　　　　　　　　　　　特別控除
　　　　　　　　　　　　　　　　　　　　　　　　　＝総所得金額へ算入される額

ケース3　贈与税が課税される場合
　　(死亡保険金額－110万円)×贈与税の超過累進税率＝贈与税額
　　　　　　　　　　基礎控除

※1　契約者と保険料負担者が異なる場合には、保険料負担者で課税関係を判定します。

※2　正味支払保険料＝支払保険料総額－契約者配当金

◆相続財産としての死亡保険金

　前頁ケース1のように保険料を支払っていた人が被相続人の場合、死亡保険金を受け取った人に対して相続税が課税されることになりますが、その場合の相続税対策としてのメリットは、死亡保険金の非課税金額の適用（法定相続人のみに適用があります。）にあるといえます。

例1）相続税の納税資金を相続財産から捻出した場合

　　　・被相続人　父
　　　・相続人　　子のみ（母は相続を放棄）
　　　・相続財産　土地1億　現金2,000万円

子の相続税
1．課税される遺産の総額
　①遺産総額　　10,000万円＋2,000万円＝12,000万円
　

　②基礎控除額　3,000万円＋（600万円×2人）＝4,200万円
　　※放棄者も法定相続人とみなして数えます。
　③課税遺産総額　①－②＝7,800万円

2．相続税の総額
　母　7,800万円×1／2×20％－200万円＝580万円
　子　7,800万円×1／2×20％－200万円＝580万円
　相続税の総額＝1,160万円

3．各相続人の負担すべき相続税
　子の負担すべき税額

$$1,160万円 × \frac{12,000万円}{12,000万円} = \underline{1,160万円}$$

相続財産のうち
現金の2,000万円
　　　　　　　　　┬── 相続税の支払い：1,160万円
　　　　　　　　　└── 手元に残る現金：840万円

例２）相続税の納税資金として生命保険を活用した場合

　・被相続人　父
　・相続人　　子のみ（母は相続を放棄）
　・相続財産　土地１億
　・子が受け取った死亡保険金　2,000万円
　　父を被保険者及び保険料負担者（保険料2,000万円）とする生命保険契約

子の相続税
１．課税される死亡保険金
　　2,000万円－（500万円×２人）＝1,000万円
　　　　　　　　　　法定相続人の数
　　　　　　※放棄者も法定相続人とみなして数えます。

２．課税される遺産の総額
　　①遺産総額　10,000万円＋1,000万円＝11,000万円
　　②基礎控除額　3,000万円＋（600万円×２人）＝4,200万円
　　　　　　　　　　　　　　　　　法定相続人の数
　　③課税遺産総額　①－②＝6,800万円

３．相続税の総額
　　母　6,800万円×１／２×20％－200万円＝480万円
　　　　　　　　　　　法定相続分　　税額速算表より
　　子　6,800万円×１／２×20％－200万円＝480万円
　　　　　　　　　　　法定相続分　　税額速算表より
　　相続税の総額＝960万円

４．各相続人の負担すべき相続税
　　子の負担すべき税額

$$960万円 \times \frac{11,000万円}{11,000万円} = \underline{960万円}$$

　　死亡保険金 ─┬─ 相続税の支払い：960万円
　　2,000万円　　│
　　　　　　　　└─ 手元に残る現金：1,040万円
　　　　　　　　　　　　　　↓
　　　　　　　「支払保険料＜死亡保険金」の場合には、
　　　　　　　手元残高はより多くなります。

Q-3 自社株の税務上の時価とは？

◆税務上の時価とは？

　未公開会社の株式については、取引市場もなく取引事例も限られていますので取引の目安となる市場価額というものが存在しません。

　そこで、自社株（本書では取引相場のない株式をいいます）については、各税法がそれぞれの時価というものを定めていますので、同じ会社の株式でも相続税・贈与税の計算上の時価と所得税計算上の時価では異なる場合があります。実務上もこの時価の解釈に対するトラブルは絶えません。

　ここでは、各税法が定める時価すなわち"税務上の時価"といわれるものをご紹介します。

◆自社株の時価（相続税・贈与税）

　相続税・贈与税の計算の基礎となる自社株の評価方法は「財産評価基本通達」において規定されています。評価方法を決めるまでの流れは以下のとおりです。

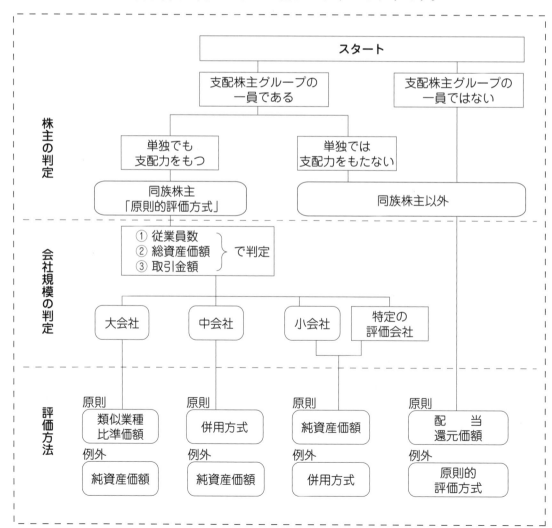

①**株主の判定**

　一般的に自社株の取得者がオーナー一族がであれば「原則的評価方式」となり、オーナー一族以外の従業員などであれば「配当還元価額」となります。ただし、オーナー一族でも被相続人や贈与者の甥姪やいとこ（議決権割合5％未満で役員でない）であれば配当還元価額で評価できるケースもあります。株主判定の概要は以下のとおりです。

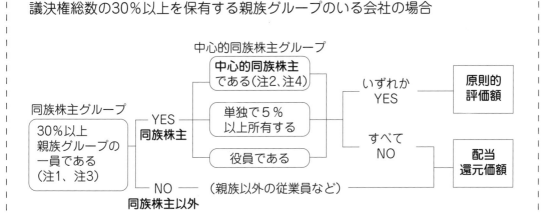

注1）次の①～③のグループ（議決権の50％超所有するグループがいる場合は、そのグループのみ）で評価会社の株式の議決権を合計で30％以上所有する場合の株主及びその同族関係者をいいます。
　　　①株主等
　　　②株主の個人である同族関係者
　　　　　株主等の親族（配偶者、6親等内の血族、3親等内の姻族）等
　　　③株主の法人である同族関係者
　　　　　株主等およびその同族関係者が議決権の50％超所有する会社
注2）次の①～③のグループで評価会社の株式の議決権を合計で25％以上所有する場合の株主をいいます。
　　　①株主等
　　　②株主の配偶者、直系血族、兄弟姉妹、1親等の姻族（甥、姪は対象外）
　　　③①および②の者が議決権の25％以上所有する会社
注3）50％以上グループがいる場合には、その50％以上グループが同族株主グループとなり、他の30％以上50％未満グループは同族株主グループに該当しないこととなります。
注4）中心的同族株主グループがない場合には、同族株主に該当する者は原則的評価額となります。

　なお、株主判定は、移転後の保有議決権により判定します。

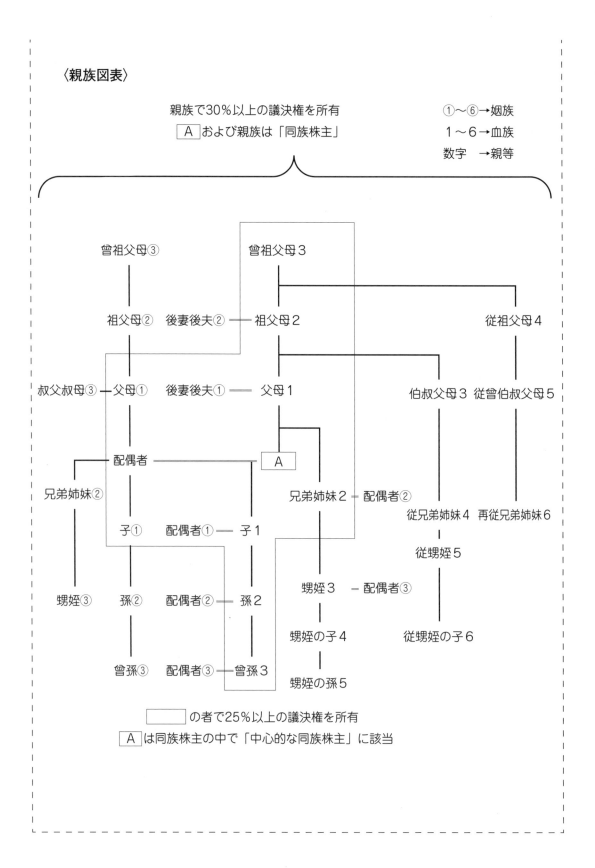

〈親族図表〉

親族で30％以上の議決権を所有
A および親族は「同族株主」

①～⑥→姻族
1～6→血族
数字　→親等

曾祖父母③　　　　曾祖父母3

祖父母②　後妻後夫②━祖父母2　　　　　　　　　　　従祖父母4

叔父叔母③━父母①　後妻後夫①━父母1　　　伯叔父母3　従曾伯叔父母5

配偶者━━━━━━━━A

兄弟姉妹②　　　　　　　　　　兄弟姉妹2＝配偶者②

　　　　　　　　　　　　　　　従兄弟姉妹4　再従兄弟姉妹6

子①　配偶者①━子1

　　　　　　　　　　　　　　　従甥姪5

甥姪③　孫②　配偶者②━孫2　　甥姪3　＝配偶者③

　　　　　　　　　　　甥姪の子4　　　従甥姪の子6

曾孫③　配偶者③━曾孫3

　　　　　　　　甥姪の孫5

　　　の者で25％以上の議決権を所有
A は同族株主の中で「中心的な同族株主」に該当

②会社規模の判定

　業種を「卸売業」「小売・サービス業」「卸売業、小売・サービス業以外」の３つに区分して、会社規模の判定を行います。判定の要素は、「従業員数」「総資産価額（帳簿価額によって計算した金額）」「直前期末以前１年間における取引金額」の３つで、従業員数70人以上の場合は、他の要素に関係なく大会社に該当し、その他の場合は、「総資産価額基準と従業員数基準のいずれか低い区分」と「取引金額基準」のいずれか高い区分により会社規模の判定を行います。

●会社規模の区分

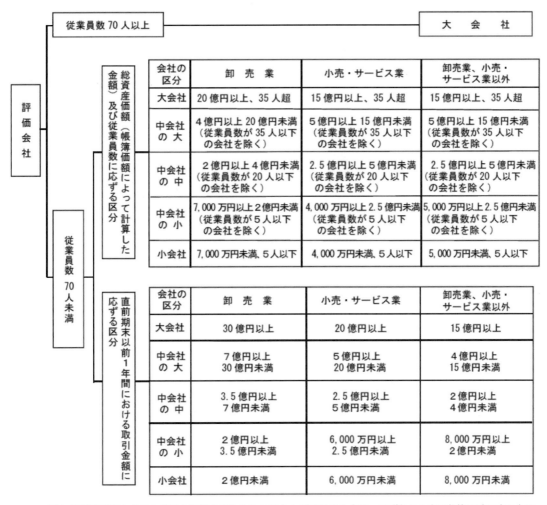

（注）総資産価額からみた場合と取引金額からみた場合とが異なるときは、いずれか大きい数値に該当するものをとります。

③原則的評価額

⒜類似業種比準価額を算定する

類似業種比準価額

　評価会社（自社）の事業内容と類似する業種（類似上場企業）を選び、その類似上場企業の１株当たりの株価を、評価会社と類似上場企業の配当金額、利益金額、純資産額を比較し修正して評価します。

①

$$A \times \left[\cfrac{\cfrac{Ⓑ}{B} \times \cfrac{Ⓒ}{C} + \cfrac{Ⓓ}{D}}{3} \right] \times 0.7^{※1}$$

　　※1 中会社の場合は「0.6」、小会社の場合は「0.5」で計算する。

②

$$① \times \cfrac{評価会社の1株当たりの資本金等の額^{※2}}{50円}$$

　　※2 $\cfrac{評価会社の直前期末における資本金等の額}{評価会社の直前期末における発行済株式総数}$

「Ａ」類似業種の課税時期の属する月以前3ヶ月間の各月の株価および前年平均株価または2年間平均のうち最も低いもの

「Ｂ」課税時期の属する年の類似業種の1株当たりの配当金額

「Ｃ」課税時期の属する年の類似業種の1株当たりの年利益金額

「Ｄ」課税時期の属する年の類似業種の1株当たりの純資産価額（帳簿価額）

　　※上記「Ａ」〜「Ｄ」の数値は、国税庁公表の数値を利用する。

「Ⓑ」評価会社の直前期末以前２年間における1株当たりの配当金額（非経常的な配当を除く）

「Ⓒ」評価会社の直前期末以前1年間における1株当たりの利益金額

「Ⓓ」評価会社の直前期末における1株当たりの純資産価額（帳簿価額）

類似業種の配当金額、利益金額、総資産価額は、連結決算を反映させたものにする。

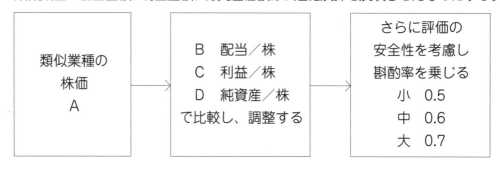

類似業種の 株価 A	→	B　配当／株 C　利益／株 D　純資産／株 で比較し、調整する	→	さらに評価の 安全性を考慮し 斟酌率を乗じる 　小　0.5 　中　0.6 　大　0.7

(b)純資産価額を算定する

純資産価額

　評価会社（自社）の１株当たりの純資産額を評価額とするものです。ただし、純資産額は相続時又は贈与時の相続税評価額で評価しなおします。その純資産額から、評価の際に発生した評価益に対して法人税等相当額37％を乗じた金額を控除して求めます。

①評価差額に相当する金額

$$\left[\begin{array}{c} \text{相続税評価額による} \\ \text{総資産価額} \end{array} - \text{負債の額} \right] - \left[\begin{array}{c} \text{帳簿価額による} \\ \text{総資産価額} \end{array} - \text{負債の額} \right]$$

※相続税評価額による総資産価額
　　評価会社が課税時期以前3年間に取得する土地等または新築する建物等の価額は、課税時期における通常の取引価額とする。

②評価差額に対する法人税額等

　　　①×37％

③相続税評価額による総資産価額 － 負債の額 －②

④1株当たりの純資産価額

$$\frac{③}{\text{課税時期の発行済株式数}}$$

⑤取得者とその同族関係者との持株割合が50％未満の場合

$$④ \times \frac{80}{100}$$

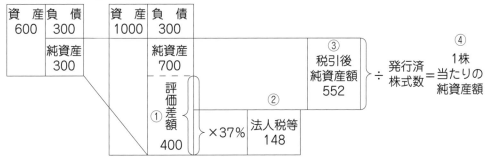

(c)会社規模に応じて評価額を決める

類似業種比準価額及び純資産価額を算定したならば、会社規模に従い次のように評価額を選択します。

＜大会社の場合＞

① 類似業種比準価額

② 純資産価額

③ ①と②いずれか低い方の価額

＜中会社の場合＞

① 大会社の場合　類似業種比準価額×0.9＋純資産価額×0.1

中会社の場合　類似業種比準価額×0.75＋純資産価額×0.25

小会社の場合　類似業種比準価額×0.6＋純資産価額×0.4

② 純資産価額

③ ①と②いずれか低い方の価額

＜小会社の場合＞

① 純資産価額

② 類似業種比準価額×0.5＋純資産価額×0.5

③ ①と②いずれか低い方の価額

※ 特定評価会社に該当する場合には、会社規模に関わらず小会社による評価が強制されます。

＜特定評価会社の一例＞

・休業中の会社

・総資産に占める土地等の価額の割合が次の割合以上の会社

大会社及び一定の小会社の場合・・・70％以上

中会社の場合・・・90％以上

・総資産に占める株式等の価額の割合が次の割合以上の会社

大会社の場合・・・25％以上

中会社及び小会社の場合・・・50％以上

④配当還元価額

$$\frac{\text{年配当金額}}{10\%} \times \frac{\text{1株当たりの資本金等の額}}{50\text{円}} = \text{配当還元価額}$$

※無配の場合でも、最低年2円50銭の配当があったものとして評価されます。
　すなわち、1株当たりの資本金が5万円の会社の場合には、配当還元価額は、
　最低でも25,000円と評価されます。

$$\frac{2.5\text{円}}{10\%} \times \frac{50{,}000\text{円}}{50\text{円}} = 25{,}000\text{円}$$

◆**自社株の時価（法人税・所得税）**

　法人税では、法人税基本通達9－1－13～15において、所得税では、所得税基本通達59－6において取引相場のない株式の時価について定めています。以下その要旨をご紹介します。

法人税基本通達9－1－13～15の要旨

原則的には、通常の時価で評価した純資産額で評価する。
（1株当たり時価純資産額＝1株当たりの評価額）
　　　　　　　　　　↓
しかしながら、課税上弊害がなければ財産評価基本通達で評価できる。
①原則的評価額
　純資産価額は通常の時価で評価し法人税37％控除は行わない。
　その上で会社規模に応じて類似業種比準価額も取り込んで評価する。
　ただし、中心的同族株主に該当する場合は、会社規模にかかわらず小会社で評価する。
②同族株主以外
　配当還元価額で評価する。

所得税基本通達59－6の要旨

通常の時価で評価した純資産額で評価する。
（1株当たり時価純資産額＝1株当たりの評価額）
　　　　　　　　　　↓
1株当たりの純資産額は財産評価基本通達で評価する。
①原則的評価額
　純資産価額は通常の時価で評価し法人税37％控除は行わない。
　その上で会社規模に応じて類似業種比準価額も取り込んで評価する。
　ただし、中心的同族株主に該当する場合は、会社規模にかかわらず小会社で評価する。
②同族株主以外
　配当還元価額で評価する。
　なお、株主判定は、移転前の保有株式数により判定する。

例1）A社（中会社の小会社）の決算書及びその他データに基づきA社株式（取引
相場のない株式）の相続税・贈与税の基礎となる評価額を概算します（過去
2年間も数字は同様とします。円未満の端数は切り捨てで計算します）。

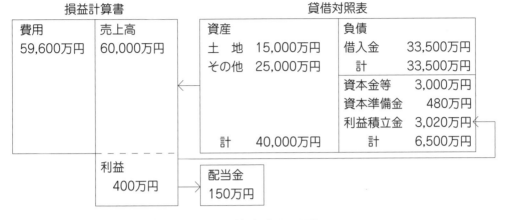

損益計算書		貸借対照表	
費用	売上高	資産	負債
59,600万円	60,000万円	土　地　15,000万円	借入金　33,500万円
		その他　25,000万円	計　33,500万円
			資本金等　3,000万円
			資本準備金　480万円
			利益積立金　3,020万円
		計　40,000万円	計　6,500万円
	利益　400万円 → 配当金　150万円		

・発行済株式数600株（1株当たりの資本金5万円）
・類似業種比準価額
　　類似企業の株価　　1株当たり175,000円
　　1株当たり利益　　A社　6,667円／類似業種金額17,000円＝0.39＊
　　1株当たり配当　　A社　2,500円／類似業種金額2,500円＝1.0＊
　　1株当たり純資産　A社108,333円／類似業種金額189,000円＝0.6＊
　　比準割合＝（0.39＋1.0＋0.6）÷3＝0.66＊
　　＊比準割合は小数点以下2位未満切捨て。
　　類似業種比準価額＝175,000円×0.66×0.6＝69,300円（10銭未満切捨て）
・純資産価額
　　土地の時価　　20,000万円（評価差益5,000万円）
　　時価純資産額　（20,000万円＋25,000万円）－33,500万円＝11,500万円
　　純資産価額　　11,500万円－（5,000万円×37％）＝9,650万円
　　　　　　　　　9,650万円÷600株＝160,833円
・配当還元価額
　　1株当たりの配当　150万円÷600株＝2,500円
　　配当還元価額　　2,500円÷10％＝25,000円

＜中心的同族株主が取得した場合の評価額＞
　　① 併用法　　　69,300円×0.6＋160,833円×0.4＝105,913円
　　② 純資産価額　160,833円
　　③ いずれか少ない方　∴105,913円
＜同族株主以外の者が取得した場合の評価額＞
　　配当還元価額　25,000円

例２）　例１）のＡ社株式について、所得税基本通達の時価を概算します。

・純資産価額

　　法人税37％の控除はしません。

　　　　土地の時価　　　20,000万円（評価差益5,000万円）

　　　　時価純資産額　（20,000万円＋25,000万円）－33,500万円＝11,500万円

　　　　　　　　　　　　11,500万円÷600株＝191,666円

＜中心的同族株主が取得した場合の評価額＞

　　小会社で評価します。

　　① 併用法　　　57,750円（175,000円×0.66×0.5）×0.5＋191,666円

　　　　　　　　　×0.5＝124,708円

　　② 純資産価額　191,666円

　　③ ①②いずれか少ない方　∴124,708円

＜同族株主以外の者が取得した場合の評価額＞

　　配当還元価額　25,000円

第2章
後継者などへの自社株の移転

Q-4　相続税対策としての生前移転とは？

◆相続税対策

所有する財産が相続税の基礎控除額（3,000万円＋600万円×法定相続人の数）を超える場合には、将来相続税が発生することが見込まれます。将来の相続税対策は、①節税対策と②納税資金対策に分けられます。

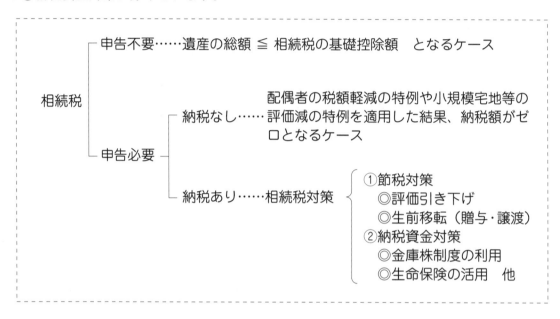

◆生前移転（贈与・譲渡）

このうち生前移転は、「贈与」や「譲渡」の方法で行います。生前に推定相続人等へ財産を贈与又は譲渡することにより、将来の相続財産を減少させて相続税の負担を減少させる効果があります。ただし、一方では贈与税や所得税・住民税といった生前移転にかかる税負担や購入資金などの資金負担が発生します。

これらの資金負担を解決した上で、[生前移転をしなかった場合の将来の相続税]＞[生前移転をした場合の将来の相続税＋生前移転時の税コスト]の関係になるよう、効果的な生前移転の方策を考える必要があります。

生前移転をしなかった場合の将来の相続税	＞	生前移転をした場合の将来の相続税＋生前移転時の贈与税等

∴相続税の節税効果あり

Q−5　贈与税とは？

◆生前贈与は受贈者に贈与税が課税される

　個人から現金や土地といった財産の贈与があると、受贈者に対して贈与税が課税されます。

　贈与税は生前贈与による相続税の課税漏れを防ぐという役割を負った税金（相続税の補完税）ですので、最低税率と最高税率は、相続税と同じくそれぞれ10％〜55％ですが、累進度合が急激であり、単年度に多額の贈与をすると重い税負担となります。

　なお、贈与税は相続税の補完税という役割を持ちますので、個人から贈与があった場合に課税される税金です。法人から贈与により取得した財産については贈与税は非課税とされますが、代わりに所得税・住民税が課税されることになります。

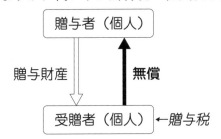

◆贈与税の計算

　贈与税は、１暦年間（１月１日から12月31日）に贈与を受けた財産の時価（相続税評価額）から基礎控除額（110万円）を控除した金額に対して最低10％〜最高55％の超過累進税率を乗じて計算されます。したがって、１暦年間における贈与財産の時価が110万円以下の場合には、贈与税の申告と納付は必要ありません。

　なお、贈与税は贈与した年の翌年２月１日から３月15日までに申告して納付します。

贈与財産の評価額−基礎控除額110万円＝課税価格
課税価格（Ａ）×税率（Ｂ）−控除額（Ｃ）＝贈与税

贈与税の税額速算表

一般贈与財産			特例贈与財産＊		
基礎控除後の課税価格(A)	一般税率(B)	控除額(C)	基礎控除後の課税価格(A)	特例税率(B)	控除額(C)
万円	％	万円	万円	％	万円
200以下	10	－	200以下	10	－
300 〃	15	10	400 〃	15	10
400 〃	20	25	600 〃	20	30
600 〃	30	65	1,000 〃	30	90
1,000 〃	40	125	1,500 〃	40	190
1,500 〃	45	175	3,000 〃	45	265
3,000 〃	50	250	4,500 〃	50	415
3,000 超	55	400	4,500 超	55	640

＊20歳以上の直系卑属（子や孫など）への贈与に限る。

例１）令和２年に父から時価1,000万円の株式を、母から時価1,000万円の土地の贈与を受けた場合

令和２年分の贈与税

贈与者（父母）　課税なし

受贈者（子）
（20歳以上）

$$\underset{\text{贈与財産}}{2,000万円} - \underset{\text{基礎控除}}{110万円} = \underset{\text{課税価格}}{1,890万円}$$

$$1,890万円 \times 45\% \underset{\text{税額速算表より}}{-265万円} = \underset{\text{贈与税}}{585.5万円}$$

例２）令和元年に父から時価1,000万円の株式を、令和２年に母から時価1,000万円の土地の贈与を受けた場合

令和元年分の贈与税

贈与者（父）　課税なし

受贈者（子）
（20歳以上）

$$\underset{\text{贈与財産}}{1,000万円} - \underset{\text{基礎控除}}{110万円} = \underset{\text{課税価格}}{890万円}$$

$$890万円 \times 30\% \underset{\text{税額速算表より}}{-90万円} = \underset{\text{贈与税}}{177万円}$$

令和２年分の贈与税

贈与者（母）　課税なし

受贈者（子）
（20歳以上）

$$\underset{\text{贈与財産}}{1,000万円} - \underset{\text{基礎控除}}{110万円} = \underset{\text{課税価格}}{890万円}$$

$$890万円 \times 30\% \underset{\text{税額速算表より}}{-90万円} = \underset{\text{贈与税}}{177万円}$$

　令和元年分と令和２年分の子の贈与税の合計は、354万円となり、例１）の同年内の贈与に比べると基礎控除額が増え税率が下がることから、同じ額の贈与でも税負担が231.5万円も軽減されます。

Q－6　所得税とは？

◆譲渡（売買）の場合には売り主に所得税・住民税が課税される

　個人で所有する土地や株式といった財産を、取得した金額よりも高く売却すると売主に譲渡所得が発生し所得税及び住民税が課税されます。

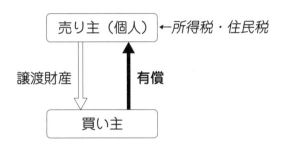

◆所得税は総合課税が原則

　所得税・住民税は、個人が１暦年間に得た所得を10種類に分け、それぞれでもうけの金額（所得の金額）を計算します。次に、これらの所得は総合課税の所得と分離課税の所得に区別され税額を計算します。総合課税では、それぞれの所得の金額は合算され総所得金額となります。この総所得金額から所得控除額（配偶者控除など15種類あります）を控除した上で、所得税は最低５％～最高45％の超過累進税率、住民税は一律10％の税率を乗じて税額を計算します。

　なお、所得税は原則として、所得の生じた年の翌年の２月16日から３月15日までに納税者自ら申告と納税をし、住民税は原則として、所得が生じた年の翌年の６月から４回にわたって納税通知書に従って納付することになります（普通徴収）。

＜総合課税＞

1．所得の計算

配当所得（収入金額－負債利子）

事業所得（収入金額－必要経費）

不動産所得（収入金額－必要経費）　総所得金額

給与所得（収入金額－給与所得控除額）　－所得控除額＝課税総所得金額

その他の所得

2．税額の計算

課税総所得金額$\overset{(A)}{}$×税率$\overset{(B)}{}$－控除額$\overset{(C)}{}$＝所得税

所得税の超過累進税率による税額速算表

課税所得金額（A）		税率（B）	控除額（C）
195万円以下		5％	－
195万円超	330万円以下	10％	97,500円
330万円超	695万円以下	20％	427,500円
695万円超	900万円以下	23％	636,000円
900万円超	1,800万円以下	33％	1,536,000円
1,800万円超	4,000万円以下	40％	2,796,000円
4,000万円超		45％	4,796,000円

住民税の税率

一律　　10％

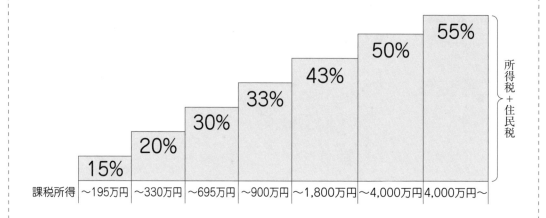

◆株式の譲渡所得は分離課税

　土地建物や株式の譲渡所得については、政策的な見地から他の所得とは合算（総合課税）せずに分離課税がなされます。この場合の税率は、原則として所得税15％・住民税は５％※の比例税率となります。したがって、総合課税の所得のように所得が増えると税率が上がり所得税が割高になるということはなく、常に所得に対して同じ割合の税負担ということになります。

　　※所有期間５年以下の土地建物を譲渡した場合の税率は所得税30％・住民税９％となりますのでご注意ください。また、一定の上場株式やマイホームの譲渡については、軽減税率が設けられています。

＜分離課税（株式の譲渡）＞

譲渡所得＝収入金額－（取得費＋譲渡費用）

譲渡所得×（所得税15％＋住民税５％）＝所得税・住民税

※所得控除は、まず総合課税の所得（総所得金額）から控除し、控除しきれない場合に分離課税の所得から控除できます。

例１）令和２年中の所得と所得控除は以下のとおり。
　　・給与所得800万円
　　・配当所得100万円
　　・所得控除の合計額180万円

　　　給与所得　　　配当所得　　　総所得金額
　　800万円＋100万円＝900万円
　　　　　　　　　所得控除額　　課税総所得金額
　　900万円－180万円＝720万円
　　　　　　　　税率速算表より　　　　所得税
　　720万円×23％－636,000円＝102万円

例２）父が昭和60年に800万円で取得した土地を令和２年に子に2,000万円で売却した。譲渡費用はない。

売り主（父）

　　　　　　収入金額　　　　取得費　　　　譲渡所得
　　2,000万円－800万円＝1,200万円
　　　　　　　　　　税率　　所得税・住民税
　　1,200万円×20％＝240万円

買い主（子）	課税なし※

　　※ただし、時価未満の価額で購入すると贈与税が発生する場合があります。

（注）上記税率には、復興特別所得税を上乗せしていません。

Q-7　自社株を後継者へ贈与すると？

◆後継者たる親族へ自社株を贈与する

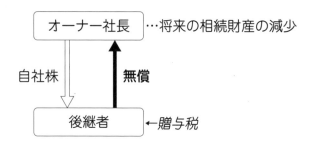

　自社株を後継者に生前贈与することにより、将来の相続財産が減少し相続税の負担が軽減されます。

◆**自社株を贈与した場合の評価額**
　自社株の贈与による取得者が「中心的同族株主」に該当する場合、贈与税の計算の基礎となる自社株式の税務上の時価は、財産評価基本通達の「原則的評価額」となります（Q－3参照）。

財産評価基本通達の原則的評価額
＜大会社の場合＞
　　① 類似業種比準価額
　　② 純資産価額
　　③ ①と②いずれか低い方の価額

＜中会社の場合＞
　　① 大会社の場合　　類似業種比準価額×0.9＋純資産価額×0.1
　　　中会社の場合　　類似業種比準価額×0.75＋純資産価額×0.25
　　　小会社の場合　　類似業種比準価額×0.6＋純資産価額×0.4
　　② 純資産価額
　　③ ①と②いずれか低い方の価額

＜小会社の場合＞
　　① 純資産価額
　　② 類似業種比準価額×0.5＋純資産価額×0.5
　　③ ①と②いずれか低い方の価額

例）・贈与者　　父（オーナー社長）
　　・受贈者　　子（中心的同族株主）
　　・贈与財産　自社株100株
　　・自社株の価額
　　　税務上の時価（原則的評価額）　1株当たり98,000円

　課税なし

子　　贈与税が課税

　　　　　贈与財産　　　基礎控除　　　課税価格
　　　　980万円－110万円＝870万円

　　　　　　　　　　税額速算表より　　　贈与税
　　　　870万円×30％－90万円＝171万円

◆**資金負担**

　自社株取得者は購入資金が不要ですが、贈与税の納税資金は必要となります。

◆**相続税対策効果**

　オーナー社長の相続財産が減少し、後継者の将来の相続税負担が軽減します。

　将来的に自社株の評価額が上昇する見込みがある場合はより大きな効果が期待できます。

◆**相続開始前3年以内の贈与の場合**

　子への生前贈与があってから3年以内にオーナー社長が死亡し、子が相続財産を取得すると、その生前贈与財産についても相続税が課税されます。すなわち、相続税での課税のやり直しが行われるのです。すでに贈与税が課税された財産にもう一度相続税を課税するのですから、二重課税となってしまいます。そこで、贈与時に支払った贈与税は相続税から控除（税額控除）することができます。

　なお、相続税の課税価格に加算される生前贈与財産の価額は、相続時の時価でなく贈与時の時価となります。したがって、値上がりが生じている場合には値上がり前の低い価額で相続税が計算されることとなり有利になります。

Q-8　贈与税の相続時精算課税制度とは？

◆相続時精算課税制度とは

　贈与税の「相続時精算課税制度」とは、相続税と贈与税の一体化を目的として平成15年に設けられた暦年課税の贈与税とは異なるもう一つの贈与税です。

1．要件

　この制度は65歳以上の父母や祖父母から20歳以上の直系卑属（子や孫）に対する贈与に限り選択することができます。贈与財産の種類は問いません。

（注）令和４年４月１日から、贈与税の特例税率および相続時精算課税制度の年齢制限が20歳以上から18歳以上に引き下げられます。

2．贈与税額

　この制度を選択すると１暦年間における贈与財産の評価額から2,500万円を特別控除として控除した上で、一律20％の比例税率で贈与税が計算されます。したがって、親子間の単年度大型贈与をしやすくした制度といえます。

```
従来の贈与税
                   基礎控除           超過累進税率
        （贈与財産の評価額－110万円）×（10％～55％）＝贈与税

                           ・小口の長期分散贈与に向いています。
```

```
相続時精算課税制度
                    特別控除          比例税率
        （贈与財産の評価額－2,500万円）×20％＝贈与税

                         ・親子間の大口の単発贈与に向いています。
```

3．110万円の基礎控除と2,500万円の特別控除の違い

　暦年課税の贈与税の110万円の基礎控除は「１暦年につき110万円」が設けられています。したがって、30年間毎年110万円以上の財産を贈与により取得すれば3,300万円は無税での移転となるわけです。これに対して、相続時精算課税制度の2,500万円は「通算で2,500万円の控除枠」として設けられています。例えば相続時精算課税を選択した年に1,500万円の贈与を受け、翌年に1,000万円の贈与を受ければ、3年目以降は特別控除額は０円となり、3年目以降の贈与については確実に20％の贈与税が発生することになります。

　ちなみに、3年目以降の贈与から暦年課税の贈与税で申告しようとしてもできませんので注意してください（次頁５．参照）。

４．相続税での精算

　相続時精算課税制度選択後の生前贈与財産については、相続税での課税のやり直し（精算）が行われます。暦年課税の贈与税では、相続開始前３年以内の贈与財産に限り相続税の課税のやり直しが行われますが、相続時精算課税制度では、贈与の時期にかかわらず、この制度選択後のすべての生前贈与財産が対象となります。仮に相続時精算課税制度を選択した子が、相続時に相続を放棄して相続財産を取得しない場合でも、生前贈与財産について相続税の申告が必要となりますので注意が必要です。

　もちろん、贈与時に支払った贈与税は相続税から控除することができ、贈与税が相続税を上回った場合は還付されます（相続開始前３年以内の贈与加算における贈与税額控除では還付はありません）。

　なお、相続税の課税価格に加算される生前贈与財産の価額は、相続時の時価でなく贈与時の時価となります。したがって、値上がりが生じている場合には値上がり前の低い価額で相続税が計算されることとなり有利となります。

５．相続時まで継続適用

　このように、相続時精算課税制度は将来相続税で精算することを約束する制度ですので、一度選択したら暦年課税の贈与税（110万円の基礎控除と超過累進税率）へは戻ることはできません。ただし、父と母はそれぞれで選択できますので、例えば父からの大型贈与は相続時精算課税制度、母からの小口贈与は暦年課税の贈与税と使い分けることができます。

例）①令和２年　父から子への贈与
　　　・贈与者　　父（オーナー社長）
　　　・受贈者　　子（中心的同族株主）
　　　・贈与財産　自社株100株
　　　・自社株の価額データ
　　　　　父の取得価額　１株当たり５０,０００円
　　　　　税務上の時価（原則的評価額）　１株当たり98,000円
　　　・相続時精算課税制度を選択
　　②令和17年　父から子への相続
　　　・父が死亡
　　　・相続財産　３億円
　　　・相続人　　子のみ

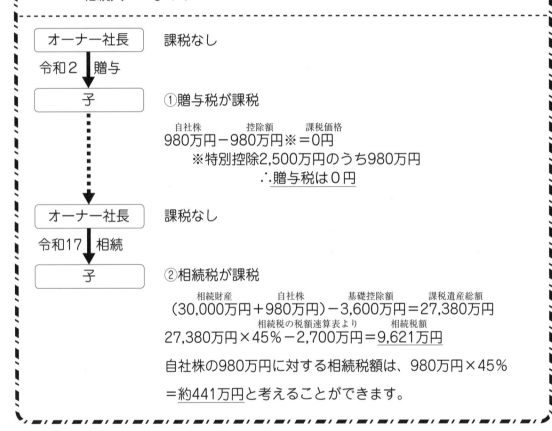

オーナー社長　　課税なし

令和２　贈与

子　　①贈与税が課税

　　　　　　自社株　　　　控除額　　　課税価格
　　　　　980万円－980万円※＝0円
　　　　　　　※特別控除2,500万円のうち980万円
　　　　　　　　∴贈与税は０円

オーナー社長　　課税なし

令和17　相続

子　　②相続税が課税

　　　　　　相続財産　　　自社株　　　基礎控除額　　　課税遺産総額
　　　（30,000万円＋980万円）－3,600万円＝27,380万円
　　　　　　　　　　相続税の税額速算表より　　相続税額
　　　27,380万円×45％－2,700万円＝9,621万円

　　　自社株の980万円に対する相続税額は、980万円×45％
　　　＝約441万円と考えることができます。

◆暦年課税の贈与税と相続時精算課税制度の有利不利

①被相続人の相続財産が多額な場合

　被相続人の相続財産が多額の場合、暦年課税の贈与税の税負担よりも相続税の税負担の方が重くなることが考えられます。そのような場合は相続時精算課税制度は不利といえます。ただし、税負担を相続時まで先送りできること、さらに将来値上がりの可能性のある財産であるような場合は、相続時精算課税制度の選択は有効といえるでしょう。

②被相続人の相続財産が基礎控除額以下の場合

　生前贈与財産を含めても被相続人の相続財産が相続税の基礎控除額以下、または、それと大差がない場合など、将来の相続税負担を心配することがないときには、子に対するまとまった生前贈与の必要があれば、相続時精算課税制度が有利といえるでしょう。

Q－9　自社株を後継者へ時価で譲渡すると？

◆後継者へ自社株を時価相当額で譲渡します

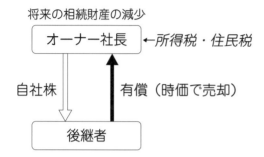

　後継者に自社株を譲渡する場合には、まず自社株の税務上の時価の算定が重要なポイントとなるでしょう。もしも税務上の時価未満で譲渡してしまうと自社株を購入した後継者に贈与税が課税されてしまう可能性が生じるからです（Q－10参照）。

　この場合の自社株の税務上の時価は、所得税基本通達に基づき算定した時価となります（Q－3参照）。

> 所得税基本通達に基づき算定した時価（取得者が中心的同族株主とした場合）
> 　　①純資産価額（評価差額から法人税37％は控除しない）
> 　　②類似業種比準価額×0.5＋純資産価額×0.5
> 　　③①と②いずれか低い方の価額

例）・譲渡者　　父（オーナー社長）
　　・購入者　　子（中心的同族株主）
　　・譲渡財産　自社株100株
　　・自社株の価額
　　　　父の取得価額　1株当たり50,000円
　　　　税務上の時価（原則的評価額）　1株当たり125,000円
　　　　譲渡価額　1株当たり125,000円
　　・譲渡費用は考慮しない。

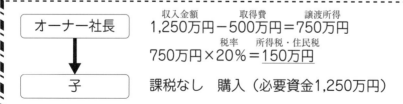

◆贈与と譲渡の有利不利

①資金の負担

・贈与の場合には受贈者である後継者に贈与税の税負担が発生します。

・譲渡の場合には、売り主であるオーナー社長に所得税・住民税の税負担が発生し、さらに購入者である後継者には自社株の購入資金の負担が発生します。

②税率

・暦年課税の贈与税の場合、多額の自社株を単年で贈与すると贈与税の超過累進税率（10％〜55％）が高くなり、後継者に重い税負担が生じます。（相続時精算課税制度を選択した場合は20％の比例税率となります）

・譲渡の場合、譲渡所得が多額になっても税率は20％と一定です。

③相続税対策の効果

・譲渡の場合には、譲渡時点では、相続財産が減りその分現金が増えることになり将来の相続財産は減少しないこととなります。しかし、将来評価額が上昇しそうな場合には、譲渡も有効な移転手段であるといえます。

・贈与の場合には、相続財産が減るのみですので、将来の相続税は減少します。（相続時精算課税制度を選択した贈与財産については、将来相続税での精算があります）

Q-10　自社株を後継者に安く譲渡すると？

◆後継者へ自社株を時価より安く譲渡します

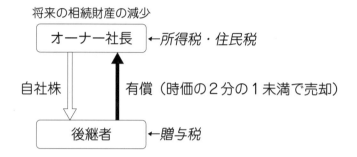

子に資金力がない場合は、時価よりも安い価額で譲渡するケースが想定されます。

◆低額譲渡にはダブル課税が待っている
①売り主には所得税・住民税

　売り主には所得税・住民税が課税されます。所得税では、時価の2分の1未満の対価で財産を譲渡した場合を低額譲渡といい、個人に対する低額譲渡については、譲渡所得の計算上、通常の時価譲渡の場合と同様に対価をもって収入金額とします。

　ところで、譲渡所得の本質は値上がり益といわれていますので、贈与や低額譲渡の場合は、本来は引き渡した財産の時価を収入金額とすることにより値上がり益の精算をしたいところですが、その課税を将来に繰り延べることとしています。すなわち、買い主が将来売却したときに課税されることになっているのです。

　ちなみに、法人に対する低額譲渡の場合には、値上がり益に対する所得税の精算をしなければならないため、時価をもって収入金額とし、譲渡所得を計算することになります。

②買い主には贈与税

　一方、個人が買い主の場合には贈与税が課税されます。これは、個人から財産を時価より低く買い受けた場合については、それが売買契約であっても、時価と対価の差額については贈与により取得した財産とみなして贈与税を課税しようということです。

　しかし、土地などを時価よりも安く購入することは一般によくあることです。したがって、誰でも自由に参加できる市場において低額譲渡が行われてもこのような贈与税の課税はされません。親子間での低額譲渡のようなケースについて、このような贈与税の課税が行われる可能性を含むのです。

<個人に対する低額譲渡>
売り主（個人）「対価→収入金額」として所得税・住民税が課税

↓

買い主（個人）「時価－対価＝贈与財産」とみなして贈与税※が課税

　　　　※法人からの低額譲受の場合については、贈与税でなく所得税・住民税が課税されます。

<法人に対する低額譲渡>
売り主（個人）「時価→収入金額」として所得税・住民税が課税

↓

買い主（法人）「時価－対価＝受贈益」に対して法人税が課税

◆後継者への自社株の低額譲渡

　売却価額が安ければ安いほどオーナー社長の所得税・住民税負担が減り、後継者の贈与税の負担が増加します。したがって、売買価額を決める際にはそれぞれにかかる税金を試算することが必要でしょう。

　いずれにしてもその譲渡が低額譲渡になるか否かは、自社株の評価額いかんということになりますので、まずは、自社株の評価から始めましょう。低額譲渡の場合、売り主側の所得税の計算の基礎となる自社株の時価は、所得税基本通達に基づき算定することになっています。なお、買い主側の贈与税の計算の基礎となる自社株の時価も同様に算定すれば問題ないと考えます。

所得税基本通達に基づき算定した時価（取得者が中心的同族株主とした場合）
　① 純資産価額（評価差額から法人税37％は控除しない）
　② 類似業種比準価額×0.5＋純資産価額×0.5
　③ ①と②いずれか低い方の価額

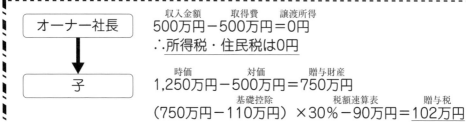

例）・譲渡者　　父（オーナー社長）
　　・購入者　　子（中心的同族株主）
　　・譲渡財産　自社株100株
　　・自社株の価額
　　　　　父の取得価額　　１株当たり50,000円
　　　　　税務上の時価（所得税基本通達）　１株当たり125,000円
　　　　　譲渡価額　　１株当たり50,000円
　　・譲渡費用は考慮しない。

　　　　　　　　　　　　　　収入金額　　　取得費　　譲渡所得
オーナー社長　　　　500万円－500万円＝0円
　　　↓　　　　　∴所得税・住民税は0円

　　　　　　　　　　　　　　時価　　　　　　対価　　　　　贈与財産
子　　　　　　1,250万円－500万円＝750万円
　　　　　　　　　　　　　基礎控除　　　　　税額速算表　　　　贈与税
　　　　　　（750万円－110万円）×30％－90万円＝102万円

◆時価譲渡と低額譲渡の有利不利

　　Ｑ－9の例）時価譲渡の場合とＱ－10の例）低額譲渡の場合の税負担を比べてみると以下のようになります。

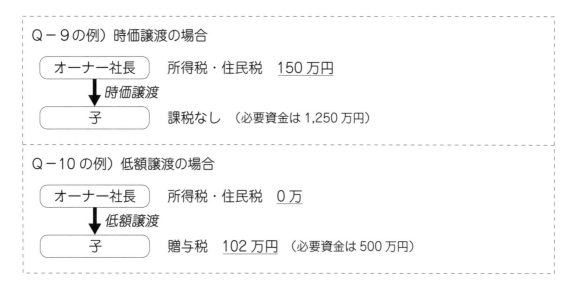

Ｑ－9の例）時価譲渡の場合

オーナー社長　　所得税・住民税　150万円
　↓　時価譲渡
子　　　　課税なし　（必要資金は1,250万円）

Ｑ－10の例）低額譲渡の場合

オーナー社長　　所得税・住民税　0万
　↓　低額譲渡
子　　　　贈与税　102万円　（必要資金は500万円）

　　このケースでは、低額譲渡の方が税負担及び資金負担とも軽くなることがわかります。
　　ただし、譲渡する株式の時価が高く時価と対価の差額が多額になる場合は、贈与税の税負担の方が高くなることもあります。
　　さらに、低額譲渡の場合は、購入者側の子において自社株の取得価額が小さくなりますので、将来それを譲渡した際の譲渡所得が大きくなり所得税・住民税が高くなります。すなわち、繰り延べられた課税の精算が待っているのです。したがって、低額譲渡は、その後再売却の予定がある場合には注意が必要です。

　下記のように子が1,250万円で再譲渡した場合の税負担を比べてみると、低額譲渡の方がトータルの税負担が重くなることがわかります。

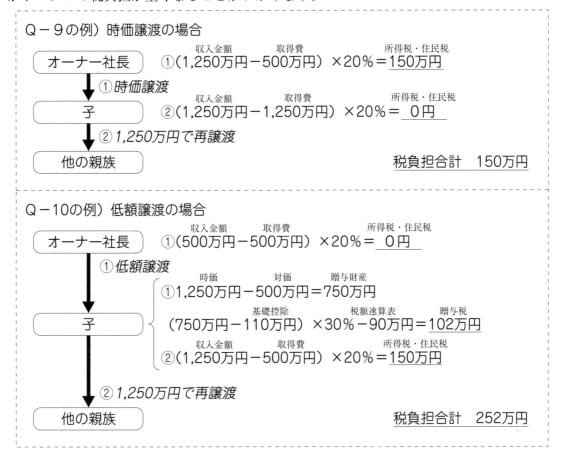

Q−9の例）時価譲渡の場合

オーナー社長 ①（1,250万円−500万円）×20％＝150万円
（収入金額）（取得費）（所得税・住民税）

① 時価譲渡

子 ②（1,250万円−1,250万円）×20％＝0円
（収入金額）（取得費）（所得税・住民税）

② 1,250万円で再譲渡

他の親族　　　　　　　　　　　税負担合計　150万円

Q−10の例）低額譲渡の場合

オーナー社長 ①（500万円−500万円）×20％＝0円
（収入金額）（取得費）（所得税・住民税）

① 低額譲渡

子 ①1,250万円−500万円＝750万円
（時価）（対価）（贈与財産）

（750万円−110万円）×30％−90万円＝102万円
（基礎控除）（税額速算表）（贈与税）

②（1,250万円−500万円）×20％＝150万円
（収入金額）（取得費）（所得税・住民税）

② 1,250万円で再譲渡

他の親族　　　　　　　　　　　税負担合計　252万円

Q−11　自社株を従業員持株会へ譲渡すると？

◆従業員持株会

　中小企業においても従業員の会社の経営参加意識を高めようとして、オーナー一族だけでなく従業員にも自社株を保有してもらうケースはよく見られます。この従業員株主を組織化し規約を持たせたものを「従業員持株会」といいます。中小企業が従業員持株会を設けて従業員に株を保有させるもう一つの大きな理由が事業承継対策です。

　後継者たる親族に自社株を生前移転（贈与や譲渡）することが直接的な事業承継ではありますが、その場合の自社株の評価額は純資産価額が採用される場合が多く、評価額が高くなり、当事者の税負担や資金負担が重くのしかかってきます。

　そこで、従業員持株会への移転（贈与や譲渡）であれば課税上弊害がない限り配当還元価額で評価でき、自社株の社外流出も防ぐことができます。

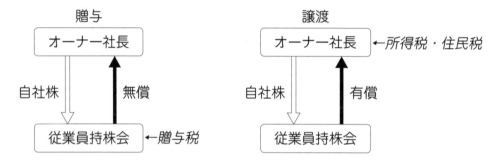

◆従業員持株会への贈与や譲渡

　従業員持株会へ贈与や譲渡をする場合の自社株式の税務上の時価は、課税上弊害がない限り財産評価基本通達の配当還元価額となります。

例１）従業員持株会への贈与
- ・贈与者　　オーナー社長
- ・受贈者　　従業員持株会の各従業員
- ・贈与財産　自社株100株を各従業員に10株ずつ
- ・自社株の価額データ
  - オーナー社長の取得価額　1株当たり50,000円
  - 税務上の時価（配当還元価額）　1株当たり25,000円

| オーナー社長 | 課税なし |

↓贈与

各株主

　　　　　　贈与財産　　基礎控除　　課税価格
　　　　　　25万円－110万円＝0万円

∴贈与税は0円

例２）従業員持株会への譲渡
- ・譲渡者　　オーナー社長
- ・購入者　　従業員持株会の各従業員
- ・譲渡財産　自社株100株を各従業員に10株ずつ
- ・自社株の価額データ
  - オーナー社長の取得価額　1株当たり50,000円
  - 税務上の時価（配当還元価額）　1株当たり25,000円
  - 譲渡価額　1株当たり25,000円
- ・譲渡費用は考慮しない。

| オーナー社長 |

　　　　　収入金額　　　取得費　　　　譲渡所得
　　　　　250万円－500万円＝△250万円

譲渡

∴所得税・住民税は0円

各株主　課税なし

◆議決権制限株式を利用する（会社法第108条第1項三）

　株式会社の株主（株式）は、出資により自己の財産を提供した見返りとして、会社に対して次の権利を持ちます。

- ・配当を受ける権利
- ・残余財産の分配を受ける権利
- ・株主総会における議決権　等

　上記のうちの株主総会における議決権に制限を加えた株式が議決権制限株式です。

　すなわち、「所有すれど口は出さない」という株主には適したもので、オーナー一族にとってみれば、株式の分散による議決権の拡散を防ぐことができますので、事業承継をサポートしてくれる制度といえます。

```
┌─────────────────────────────────────────────────────────┐
│ 移転前                                                    │
│                                                           │
│  ┌──────────┐                                             │
│  │  Ａ　社  │  発行済株式1,000株  ※オーナー社長の議決権100％  │
│  └──────────┘                                             │
│                                                           │
│  ┌──────────────┐                                         │
│  │ オーナー社長 │  保有株式数1,000株（普通株）             │
│  └──────────────┘                                         │
│                                                           │
│   あらかじめ移転する見込みの株数300株について議決権制限株式へ変更する │
│   ための手続き（定款変更）をしておきます。                │
└─────────────────────────────────────────────────────────┘
```

```
┌─────────────────────────────────────────────────────────┐
│ 移転後                                                    │
│                                                           │
│  ┌──────────┐                    ┌ 普通株式700株          │
│  │  Ａ　社  │  発行済株式1,000株 ─┤ ※オーナー社長の議決権100％のまま │
│  └──────────┘                    └ 議決権制限株式300株     │
│                                                           │
│  ┌──────────────┐                                         │
│  │ オーナー社長 │  保有株式数700株（普通株式）            │
│  └──────────────┘                                         │
│       │ 300株を移転                                       │
│       ▼                                                   │
│  ┌──────────────┐                                         │
│  │ 従業員持株会 │  保有株式数300株（議決権制限株式）      │
│  └──────────────┘                                         │
└─────────────────────────────────────────────────────────┘
```

Q－12　非上場株式等に係る相続税・贈与税の納税猶予の特例措置とは？

◆**制度創設の背景**

　少子・高齢社会の到来等により中小企業の経営者の高齢化が進み、事業承継を理由とした廃業が毎年数万社にのぼり、それにより失われる雇用が毎年20～30万人との推計もあり、事業経営を次世代に円滑に承継できる環境の整備が重要な政策課題として認識されるようになりました。

　わが国の中小企業は、経営上の意思決定を迅速化し、安定的な経営を行うため、経営者とその同族関係者で株式（議決権）の大半を保有している同族経営の会社が多数を占めています。こうした中小同族会社の経営者の死亡等に伴う事業の承継に際しては、経営資源としての議決権株式の分散を防止し、安定的な経営の継続を確保することが重要です。

　しかし、中小事業の事業承継においては、その資産価値等に応じて株式の評価が高額となり、自社株式の資産がほとんどない場合でも多額の相続税の納税が必要となることも少なくありません。後継者がそれを避けるために株式を分散して相続すると、安定的な事業の継続に支障をきたすことも多くなってしまうという問題があります。

事業承継をする上での課題

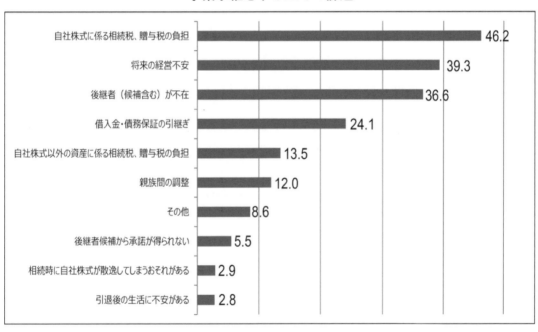

中小企業庁委託「中小企業における事業承継に関するアンケート・ヒアリング調査」（2016年2月）

◆**制度創設とその後**

　そこで、計画的な事業承継を促進し、株式の集中による安定的な事業の継続を図るという基本的な考え方に基づいた中小企業の事業承継の円滑化のため、金融支援措置や遺留分の民法特例の創設を含む「中小企業における経営の承継の円滑化に関する法律」（平成20年5月9日成立、10月1日施行。以下「経営承継円滑化法」。）が制定されました。

そして、平成21年度税制改正で「非上場株式等に係る相続税・贈与税の納税猶予」の制度（事業承継税制）が創設されました。しかし、その後も適用要件の緩和等の改正が行われてきましたが、その適用件数は相続税・贈与税合わせて年間500件程度（平成27年）にとどまっていました。

　一方で、中小企業の経営者の高齢化はさらに進展し、中小企業庁によれば2025年頃までの10年間に平均引退年齢の70歳を超える中小企業・小規模事業の経営者は約245万人に達する見込みとされ、このうち約半数の127万人が後継者未定と考えられていました。この状況を放置すれば、中小企業等の廃業の急増により、10年間で約650万人の雇用と約22兆円のＧＤＰが失われる可能性があると指摘されました。

　事業承継の問題は、単なる企業の後継ぎの問題ではなく、日本経済全体の問題であるとの認識のもと、中小企業の円滑な世代交代を集中的に促進し生産性向上に資する観点から、平成30年度税制改正により、事業承継税制についても抜本的に拡充され、10年間の贈与・相続に適用される特例措置が設けられました。

　具体的には、

- ・猶予対象株式の制限撤廃により、贈与・相続時の納税負担が生じない制度に
- ・複数名からの承継や、最大3名の後継者に対する承継にも対象を拡大
- ・雇用確保要件については、承継後5年間で平均8割の雇用を維持できなかった場合でも、その理由を都道府県に報告した上で、一定の場合には、猶予が継続

　なお、この新しい事業承継制度の特例措置は、10年間で中小企業の世代交代を集中的に促進するために創設されたものであり、新たに事業承継をする者（非上場株式等の贈与等を受ける者）が適用対象となります。したがって、すでに改正前の制度（一般措置）の適用を受けた者（既に非上場株式等の贈与等を受けた者）については、事業承継は終わっていることから、この新しい特例制度の適用を受けることはできません。

◆非上場株式等に係る贈与税・相続税の納税猶予の特例制度

　特例後継者が、特例認定承継会社の代表権を有していた者から、贈与又は相続若しくは遺贈（贈与等）により特例認定承継会社の非上場株式を取得した場合には、その取得した全ての非上場株式に係る課税価格に対応する贈与税又は相続税の全額について、その特例後継者の死亡の日等までその納税が猶予されます。

　（注）　上記の改正は、平成30年1月1日から令和9年12月31日までの間に贈与等により取得する財産に係る贈与税又は相続税について適用されます。

　※　税制の適用を受けるには、平成30年4月1日から令和5年3月31日までの間に特例承継計画を都道府県に提出し、令和9年12月31日までに承継を行う必要があります。

　国税庁のパンフレット等では、従来からある制度は「一般措置」、新しい制度は「特例措置」と称していますので、以下、同様に記述します。平成30年度税制改正により創設された「特例措置」と従来からある「一般措置」の違い及び改正のポイントは、次のようになります。

「一般措置」と「特例措置」との比較

	一般措置	特例措置
事前の契約策定等	不要	5年以内の特例事業承継計画の提出 （H30.4.1～R5.3.31）
適用期限	なし	10年以内の贈与・相続等 （H30.1.1～R9.12.31）
対象株数	株式総数の2/3まで	全株式
納税猶予割合	贈与100％、相続80％	100％
承継パターン	1人の先代経営者から1人の後継者（H30改正後は、複数の株主から1人の後継者）	複数の株主から最大3人の後継者
雇用確保要件	承継後5年間平均で8割の雇用維持が必要	同左（弾力化）
事業継続困難事由が生じた場合の免除	なし	あり
相続時精算課税の適用	60歳以上の者から20歳以上の推定相続人・孫への贈与	60歳以上の者から20歳以上の者への贈与

◆特例措置の利用にあたって

　事業承継税制を活用して中小企業の事業承継を推進するために、それまで一般措置を利用するにあたって課題とされていた点について思い切った改正が行われていることが分かります。そういう意味では、使える制度になったといえます。

　10年間に計画的に利用するとなれば、やはり贈与税の特例措置を使うことが一般的と思われますが、贈与税の納税猶予が継続されている間に先代経営者が死亡した場合には、納税猶予されていた贈与税は免除となりますが、適用を受けた非上場株式等は、相続又は遺贈により取得したものとみなして、贈与時の価額により他の相続財産と合算して相続税を計算することになります（一般措置も同様）。

　なお、その際に、一定の要件を満たす場合には、その非上場株式等については「非上場株式等の特例贈与者が死亡した場合の相続税の課税の特例及び相続税の納税猶予制度」の適用を受けることができます。つまり、贈与税の納税猶予制度から相続税の納税猶予制度に切り替えて、納税猶予を継続して受けることができることになります。

　なお、特例措置の適用を受けた場合には、先代経営者の死亡が令和10年以後（特例制度適用期間終了後）であったとしても、特例措置による納税猶予が適用されることになっています。

非上場株式等に係る贈与税の納税猶予・免除（事業承継税制の特例措置）の全体像

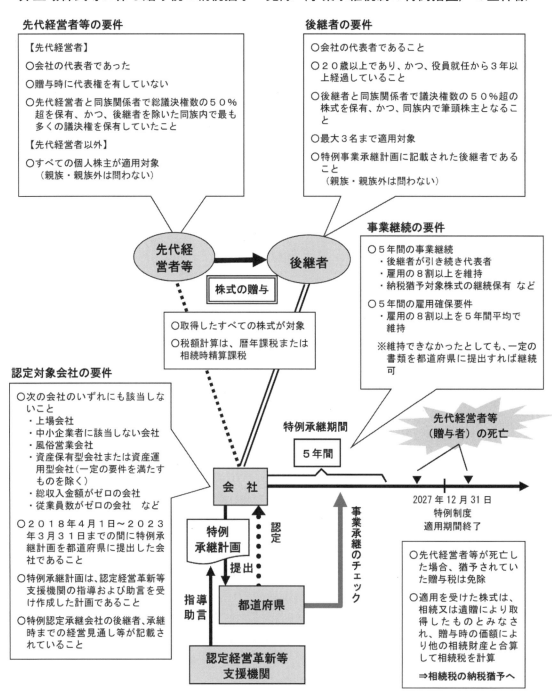

先代経営者等の要件

【先代経営者】
○会社の代表者であった

○贈与時に代表権を有していない

○先代経営者と同族関係者で総議決権数の50％超を保有、かつ、後継者を除いた同族内で最も多くの議決権を保有していたこと

【先代経営者以外】
○すべての個人株主が適用対象
（親族・親族外は問わない）

後継者の要件

○会社の代表者であること

○20歳以上であり、かつ、役員就任から3年以上経過していること

○後継者と同族関係者で議決権数の50％超の株式を保有、かつ、同族内で筆頭株主となること

○最大3名まで適用対象

○特例事業承継計画に記載された後継者であること
（親族・親族外は問わない）

事業継続の要件

○5年間の事業継続
・後継者が引き続き代表者
・雇用の8割以上を維持
・納税猶予対象株式の継続保有 など

○5年間の雇用確保要件
・雇用の8割以上を5年間平均で維持

※維持できなかったとしても、一定の書類を都道府県に提出すれば継続可

先代経
営者等 → 後継者

株式の贈与

○取得したすべての株式が対象
○税額計算は、暦年課税または相続時精算課税

認定対象会社の要件

○次の会社のいずれにも該当しないこと
・上場会社
・中小企業者に該当しない会社
・風俗営業会社
・資産保有型会社または資産運用型会社（一定の要件を満たすものを除く）
・総収入金額がゼロの会社
・従業員数がゼロの会社 など

○2018年4月1日～2023年3月31日までの間に特例承継計画を都道府県に提出した会社であること

○特例承継計画は、認定経営革新等支援機関の指導および助言を受け作成した計画であること

○特例認定承継会社の後継者、承継時までの経営見通し等が記載されていること

特例承継期間

5年間

先代経営者等
（贈与者）の死亡

会 社

特例承継計画

認定

提出

指導助言

都道府県

事業承継のチェック

認定経営革新等支援機関

2027年12月31日
特例制度
適用期間終了

○先代経営者等が死亡した場合、猶予されていた贈与税は免除

○適用を受けた株式は、相続又は遺贈により取得したものとみなされ、贈与時の価額により他の相続財産と合算して相続税を計算

⇒相続税の納税猶予へ

第3章
発行会社による自社株の買取り

Q－13　金庫株とは？

◆金庫株とは

　平成13年の改正前の商法では、自社株の取得は原則として禁止されており、例外的に取得できるケースも限定されていました。さらに、例外的に取得した場合でも速やかに処分をしなければならないこととされていました。ところが、平成13年の商法改正により180度方向転換がなされ、自社株を取得することが事由を問わず自由になり、取得後も保有し続けることも認められました。さらに、平成18年5月1日から施行された会社法では、自社が株主から自社株を強制的に取得できる制度も設けられました。

　このように取得と保有が自由になったことから、会社が長期間保有する自社株（金庫に保管する自社株）という意味で「金庫株」と呼ばれるようになりました。

　　自社株の保有‥‥‥保有している自社株を「金庫株」といいます。

◆事業承継対策と金庫株

　事業承継対策の観点からは、金庫株制度は相続税対策と納税資金対策において効果を発揮することになります。

　前者は、オーナー社長が保有する自社株を生前に自社に譲渡することにより、将来の相続財産を減少させるというものです。

　後者は、オーナー社長が死亡後、相続人が相続した自社株を発行会社に買い取ってもらうことにより相続税の納税資金を確保するというものです。この他にも相続した自社株を物納することにより納税資金対策とし、その後会社が買い戻すという方法もあります。

　なお、発行会社はそれを売却や消却をせずに保管し続けることができます。発行会社が保管する金庫株には議決権はありませんので、オーナー一族の経営権が弱まることはありません。

◆買取り資金としての生命保険の活用

　自社株の買取りには発行会社に買取資金が必要となりますが、自社株の買取りのため会社の資金状況の悪化を招くようなことはあってはなりません。そこで生命保険を活用することにより、会社の運転資金に影響を与えずに買取資金を調達することができます。（Q－21参照）

◎相続税対策としての金庫株制度の活用（Q−15〜16 参照）

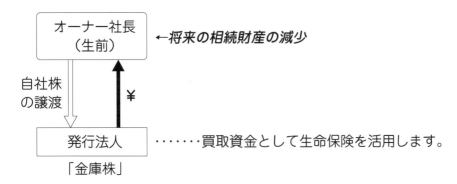

◎相続税の納税資金対策としての金庫株制度の活用（Q−17〜19 参照）

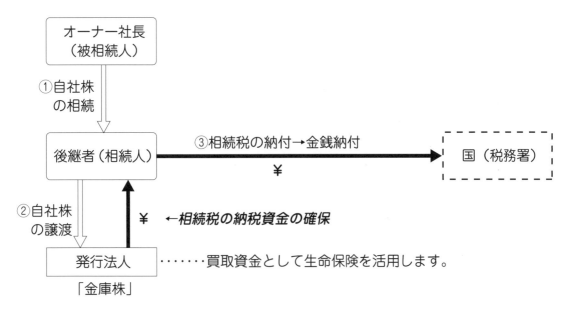

◆自社株の取得要件

　発行会社が株主との合意により自社株を取得する場合には、あらかじめ株主総会の普通決議が必要となり、実際に取得する際に取締役会の決議が必要になります。（Q−20参照）

　また、会社法上、自社株の取得には財源規制があります。それ相当の資金が会社内部に留保されていないと自己株式の取得は認められません。ここでいう資金とは具体的な現金や預金の手持ち額ではなく、わかりやすく言えば貸借対照表上の留保利益（剰余金）のことをいいます。

◆取得財源規制クリアのための生命保険の活用

　なお、取得財源としての会社の剰余金が不足するような場合には、生命保険が活用できます。自社株の取得時期に合わせて解約返戻金を取得して解約益を計上することにより、剰余金は増加することになります。（Q−21参照）

Q－14　通常の株式譲渡との違いは？

◆自社株を発行会社に譲渡した場合の税務

　現行の法人税では、発行会社が自社株式を購入することを「資産の取得」とはみていません。自社株の取得は、自社株を回収し現金を支払うという行為なので、「資本の払戻し」による減資と似ています。そこで、法人税では自社株購入代金の支払いについては資本の払戻しと留保利益を財源とした配当金の支払いの複合取引と考え処理をすることとしています。逆に、取得した自社株をその後において譲渡した場合は、増資すなわち資本の払込みと同様の処理をすることになります。

　下記のB社を例にして、買取法人側及び売却株主側の課税関係を見ていきます。

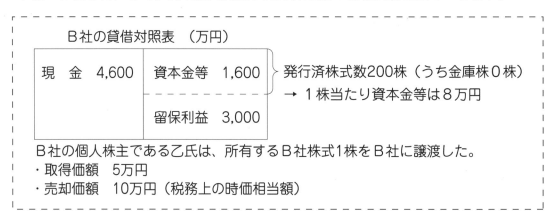

　B社の貸借対照表　（万円）

　　現　金　4,600　｜　資本金等　1,600　　発行済株式数200株（うち金庫株0株）
　　　　　　　　　　　　　　　　　　　　　　→　1株当たり資本金等は8万円
　　　　　　　　　｜　留保利益　3,000

　B社の個人株主である乙氏は、所有するB社株式1株をB社に譲渡した。
　・取得価額　5万円
　・売却価額　10万円（税務上の時価相当額）

◆買い取った法人の税務処理（B社の税務処理）

　B社では、乙株主に対して自社株の買取代金として10万円を支払いますが、そのうち8万円が資本金等の払戻し、残りの2万円が留保利益の分配として考えます。

　B社の貸借対照表　（万円）

　　現　金　4,600　｜　資本金等　1,600
　　　　　△10　　｜　　　　　△8　　　→乙株主へ
　　　　　　　　　　　　　　　　　　　　「資本金等」の払戻しとしての支払
　　　　　　　　　｜　留保利益　3,000
　　　　　　　　　｜　　　　　△2　　　→乙株主へ
　　　　　　　　　　　　　　　　　　　　「留保利益」の分配としての支払

　ところで、平成13年商法改正前は、発行会社が金庫株を取得し売却するという取引は“株という資産の売買”として税務上も取り扱われていたため、発行会社では、自社株を高く買い取った上で、その後安く売ることにより売却損を計上でき、法人税を節税するといったことを理論上考えることができました。しかし現在では、上記のとおり発行会社における金庫株の売買は“資本の増減取引”と考えるため、原則として売買により利益も損

失も発生せず法人税に影響を与えることはないと考えられます。

　ただし、実際の税務上の処理は複雑なものとなりますので、税理士などの専門家に相談する必要があるでしょう。

◆**売却した個人株主の税務処理（乙株主の税務処理）**

　株式を譲渡した場合は、原則として、売却代金を収入金額としてそこから取得費と譲渡費用を差し引いた金額をもって株式の譲渡所得が計算され分離課税が行われます。

$$\underset{\text{売却代金}}{\text{収入金額10万円}} - （取得費５万円＋譲渡費用０万円）＝株式の譲渡所得５万円$$

　ところが、発行会社に譲渡した場合には、上記のような課税は行われず株主側でも発行法人の処理に対応した課税が行われます。

　すなわち、発行会社Ｂ社にとっては自社株の購入代金として乙株主に支払ったのは資本金等の金額８万円と考え、実際の支払額のうちこれを超える２万円は配当金の支払とみなしますので、乙株主側でも売却代金10万円のうちＢ社株式の売却による収入は８万円であり、２万円は配当金をもらったものとみなしたうえで所得税・住民税が課税されます。

　　　　甲社の貸借対照表　（万円）

現　金	4,600	資本金等	1,600
	△10		△8
		留保利益	3,000
			△2

→乙株主にとってはＢ社株売却による
　収入（②）

→乙株主にとっては配当金収入（①）

①みなし配当（配当所得として総合課税）

　売却代金から発行会社の資本金等に相当する金額を控除して配当所得を計算します。

　　　売却代金10万円－資本金等８万円＝２万円

②株式の売却益（株式の譲渡所得として分離課税）

　売却代金でなく資本金等を収入金額として株式の譲渡所得を計算します。

　　　$\underset{\text{資本金等}}{\text{収入金額８万円}}$－所得費５万円＝３万円

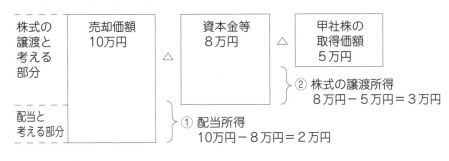

◆株式の譲渡所得と配当所得の課税方法は異なる

　株式の譲渡所得は原則として20％の比例税率で分離課税が行われるため、他に所得があろうが譲渡所得自体の金額が増えようが、税率は変わりません。ところが、配当所得は超過累進税率による総合課税が行われるため、配当所得自体が増えたり給与所得など他の所得がある場合には税率が高くなり、税負担が重くなる可能性があります。

　例えば、乙株主の給与所得（所得控除後）が900万円あるとして、先ほどの自社株の売却株式数を50株とすると、総合課税の配当所得は、超過累進税率のため、分離課税の株式譲渡所得に比べ次のように税負担が重くなります。

●総合課税

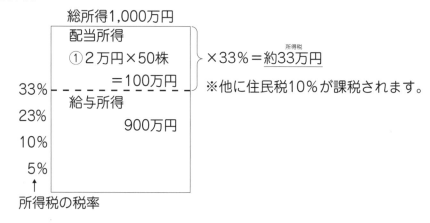

所得税の税額速算表

課税所得金額（A）		税率（B）	控除額（C）
195万円以下		5％	－
195万円超	330万円以下	10％	97,500円
330万円超	695万円以下	20％	427,500円
695万円超	900万円以下	23％	636,000円
900万円超	1,800万円以下	33％	1,536,000円
1,800万円超	4,000万円以下	40％	2,796,000円
4,000万円超		45％	4,796,000円

●分離課税

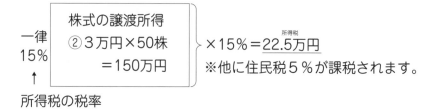

（注）上記税率には、復興特別所得税を上乗せしていません。

◆別会社に譲渡する

オーナー社長が自社に自社株を譲渡する場合には、その税務上の時価が高くなりがちですので、当然に配当所得も高額になる可能性が生じます。そこで、直接自社に譲渡するのではなく別会社に譲渡し保有させたうえで、後に別会社から自社に譲渡するなどの方策をとることも有効でしょう。（Q−16参照）

◆みなし配当課税がされない場合

なお、次の場合には、株主側になみなし配当課税は行われず、株式の譲渡所得のみの課税となります。

・上場会社の株主が市場を通じて発行会社に株式を売却する場合
・相続により取得した未上場株を相続開始後3年以内に発行会社に売却した場合

（Q−17参照）

Q－15　オーナー社長から自社へ直接譲渡すると？

◆個人株主から発行法人への自社株の譲渡

オーナー社長が自社株を発行会社である自社へ譲渡した場合を見ていきます。

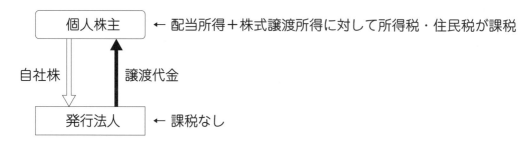

◆ケース1　時価での譲渡

発行会社の留保利益が多い場合などは、自社株の税務上の時価が高くなり、一般的にみなし配当の額も高くなります。結果として売却株主の所得税・住民税負担が重くなります。

例）・譲渡者　　A社のオーナー社長
　　・購入者　　A社（発行会社）
　　・譲渡財産　A社株式100株
　　・A社株式等のデータ
　　　　税務上の時価（原則的評価額）　1株当たり125,000円
　　　　譲渡価額　1株当たり125,000円
　　　　発行会社の資本金等の額　1株当たり58,000円
　　　　オーナー社長の取得価額　1株当たり50,000円
　　・譲渡費用は考慮しない。
　　・譲渡年におけるオーナー社長の他の所得は、給与所得900万円（所得控除後）であり、配当所得に対する所得税・住民税の税率は43％とする。

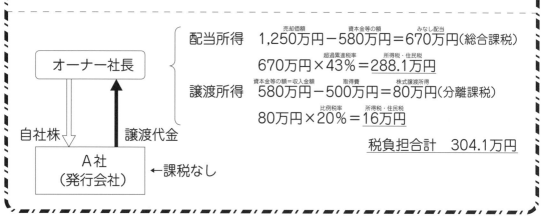

◆ケース２　低額譲渡

　所得税では時価の２分の１未満の価額での譲渡を低額譲渡といいますが、譲渡先が"個人"か"法人"かでその課税関係が変わってきます（Ｑ－10参照）。自社株の発行会社への譲渡は"法人"への譲渡となりますので、時価の２分の１未満の譲渡があった場合は、時価をもって収入金額としなければなりません。

　なお、時価より安く売却した場合でも時価の２分の１以上の価額での譲渡であれば低額譲渡に該当せず、実際の取引価額（安い値段）をもって収入金額とすればよいことになります。しかしながら、この場合でも同族会社等の行為又は計算の否認規定（所得税法第157条）に基づき時価課税される場合がありますのでご注意下さい。

例）・譲渡者　　　Ａ社のオーナー社長
　　・購入者　　　Ａ社（発行会社）
　　・譲渡財産　　Ａ社株式100株
　　・Ａ株式等のデータ
　　　　　税務上の時価（原則的評価額）　１株当たり125,000円
　　　　　譲渡価額　<u>１株当たり60,000円</u>
　　　　　発行会社の資本金等の額　１株当たり58,000円
　　　　　オーナー社長の取得価額　１株当たり50,000円
　　・譲渡費用は考慮しない。
　　・譲渡年におけるオーナー社長の他の所得は、給与所得900万円（所得控除後）であり、配当所得に対する所得税・住民税の税率は43％とする。

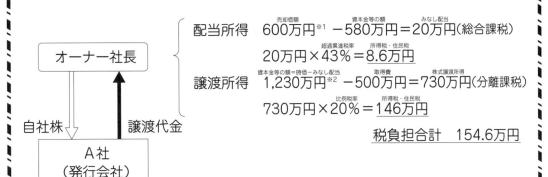

配当所得　600万円[※1]（売却価額）－580万円（資本金等の額）＝20万円（みなし配当）（総合課税）
20万円×43％（超過累進税率）＝8.6万円（所得税・住民税）

譲渡所得　1,230万円[※2]（資本金等の額＝時価－みなし配当）－500万円（取得費）＝730万円（株式譲渡所得）（分離課税）
730万円×20％（比例税率）＝146万円（所得税・住民税）

税負担合計　154.6万円

オーナー社長
　自社株　　　譲渡代金
Ａ社
（発行会社）

※1　みなし配当は、時価でなく実際の売却価額から資本金等の額を差し引いて算定しました。
　　　　　　　　　　　　（実際のケースでは税理士や税務署へご相談ください）
※2　譲渡所得は、時価からみなし配当を控除した金額を収入金額として計上します。
　　　1,250万円－20万円＝1,230万円　　　　　　（租税特別措置法通達37の10－3）

Q－16　関連会社などを経由して自社へ譲渡すると？

◆別法人から発行法人への自社株の譲渡

　ここでは、オーナー社長が別法人へ自社株を譲渡し、その後別会社から自社へ譲渡するというケースを見ていきます。

　別法人から自社への譲渡についても売却価額から資本金等の金額を控除した金額はみなし配当として課税され、資本金等の金額から取得費を控除した金額が株式の譲渡益（又は譲渡損）とされます。

　ただし、法人が受け取る株式の配当金には、「益金不算入制度」があり、関連会社から受け取った配当金であれば原則として全額益金不算入とできることとなっています。したがって、みなし配当課税については、個人より法人の方が有利といえるでしょう。

　なお、みなし配当に対する課税の軽減を図ることを目的としてこのような取引をすると、租税回避行為として否認される可能性がありますので、あくまでも譲渡についての合理性が必要となります。

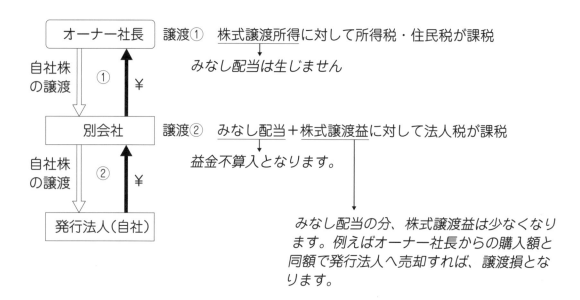

例）① オーナ社長からＣ社（関連会社）への譲渡
  ・譲渡者　　Ａ社のオーナー社長
  ・購入者　　Ｃ社（Ａ社の関連会社）
  ・譲渡財産　Ａ社株式100株
  ・Ａ社株式等のデータ
     税務上の時価（所得税基本通達）　1株当たり98,000円
     譲渡価額　1株当たり98,000円
     オーナー社長の取得価額　1株当たり50,000円
  ・譲渡費用は考慮しない。
② Ｃ社（関連会社）からＡ社（自社）への譲渡
  ・譲渡者　　Ｃ社（Ａ社の関連会社）
  ・購入者　　Ａ社（発行会社）
  ・譲渡財産　Ａ社株式100株
  ・Ａ社株式等のデータ
     税務上の時価（法人税基本通達）　1株当たり98,000円
     譲渡価額　1株当たり98,000円
     資本金等の額　1株当たり58,000円
  ・譲渡費用は考慮しない。

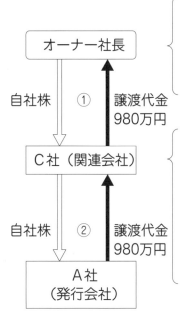

① 譲渡

配当所得　みなし配当なし

譲渡所得　980万円－500万円＝480万円（分離課税）
（収入金額）（取得費）（株式譲渡所得）

480万円×20％＝96万円
（比例税率）（所得税・住民税）

税負担合計　96万円

② 譲渡

受取配当金　980万円－580万円＝400万円
（みなし配当）（売却価額）（資本金等）（受取配当金（益金））

（益金不算入）

株式売却損　580万円－980万円＝△400万円
（収入金額）（取得費）（株式売却損（損金））

∴この株式の譲渡に関しては法人税は0円となります。また、株式売却損の分だけ法人の課税所得が減少します。

税負担合計　　0円

Q-17　相続後に自社へ譲渡すると？

◆自社株を相続した相続人に納税資金がない場合

　オーナ社長が死亡し後継者が自社株を相続し、多額の相続税が発生してしまった場合には、相続人は、相続した自社株を発行法人（自社）に買い取ってもらい、その資金を相続税の納税資金にあてる方法があります。

　この場合の譲渡については、所得税・住民税の課税上優遇措置があります。

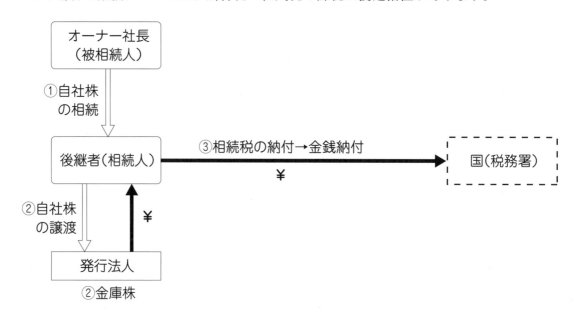

◆相続で取得した自社株の譲渡については"みなし配当課税"がない

　未上場の株式を相続や遺贈で取得し、その後発行会社に譲渡した場合には、次の要件を満たせば配当課税されず、株式譲渡課税のみとなります。（租税特別措置法第9条の7）

<要件>
・平成16年4月1日以後に相続又は遺贈により取得した未上場株式であること
・相続開始のあったことを知った日の翌日から、相続税の申告期限の翌日以後3年を経過する日までの譲渡であること

　　相続開始を　　　　　　　　相続税の　　　　　　　　　　3年を
　　知った日　　　　　　　　　申告期限　　　　　　　　　経過する日
　　　　　　　　10か月　　　　　　　　　　　3年
　　　　　　　　　　　　　　　　譲渡

◆自社株にかかる相続税を譲渡所得から控除できる

　相続で取得した財産をその後譲渡した場合には、次の要件を満たせばその譲渡した財産にかかる相続税を譲渡所得の計算上取得費として控除できます。

　＜要件＞
　・相続開始のあったことを知った日の翌日から、相続税の申告期限の翌日以後３
　　年を経過する日までの譲渡であること

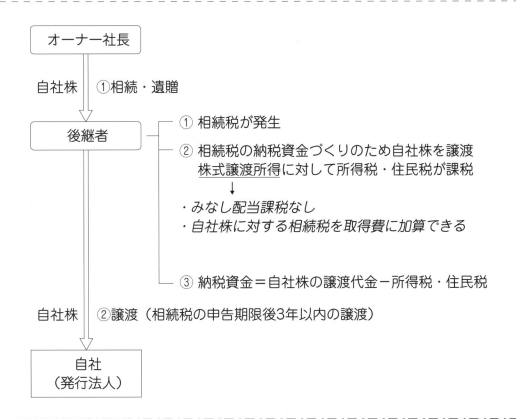

```
オーナー社長

自社株 │ ①相続・遺贈
        ↓
後継者 ─┬─ ① 相続税が発生
        │
        ├─ ② 相続税の納税資金づくりのため自社株を譲渡
        │      株式譲渡所得に対して所得税・住民税が課税
        │         ↓
        │   ・みなし配当課税なし
        │   ・自社株に対する相続税を取得費に加算できる
        │
        └─ ③ 納税資金＝自社株の譲渡代金－所得税・住民税

自社株 │ ②譲渡（相続税の申告期限後3年以内の譲渡）
        ↓
自社
（発行法人）
```

　例）① 相続
　　・被相続人　父（Ａ社のオーナー社長）
　　・相続人　　子（Ａ社の中心的同族株主）
　　・相続財産　Ａ社株式600株
　　　　　　　　税務上の時価（原則的評価額）　１株当たり98,000円
　　　　　　　　その他の相続財産　１億円
　　・法定相続人　子のみ
　　② Ａ社株の譲渡
　　・譲渡者　　子（Ａ社の中心的同族株主）
　　・購入者　　Ａ社

- ・譲渡財産　A社株式300株
- ・A社株式等のデータ
  - 税務上の時価（所得税基本通達）　1株当たり98,000円
  - 取得価額　1株当たり50,000円（父の取得費を引き継ぎます）
  - 譲渡価額　1株当たり98,000円
  - 資本金等の額　1株当たり58,000円
- ・譲渡費用は考慮しない。
  - ※万円未満の端数は切り捨てで計算します。

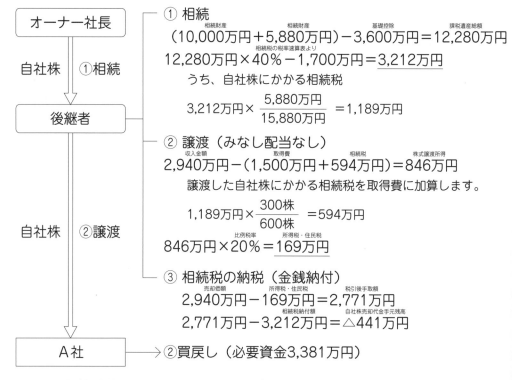

① 相続
$$(10,000万円＋5,880万円)－3,600万円＝12,280万円$$
（相続財産　相続財産　基礎控除　課税遺産総額）

$$12,280万円×40％－1,700万円＝\underline{3,212万円}$$
（相続税の税率速算表より）

うち、自社株にかかる相続税

$$3,212万円×\frac{5,880万円}{15,880万円}＝1,189万円$$

② 譲渡（みなし配当なし）
$$2,940万円－(1,500万円＋594万円)＝846万円$$
（収入金額　取得費　相続税　株式譲渡所得）

譲渡した自社株にかかる相続税を取得費に加算します。

$$1,189万円×\frac{300株}{600株}＝594万円$$

$$846万円×20％＝\underline{169万円}$$
（比例税率　所得税・住民税）

③ 相続税の納税（金銭納付）
$$2,940万円－169万円＝2,771万円$$
（売却価額　所得税・住民税　税引後手取額）

$$2,771万円－3,212万円＝\triangle441万円$$
（相続税納付額　自社株売却代金手元残高）

→ ②買戻し（必要資金3,381万円）

なお、相続以外の原因により取得した自社株を発行会社に譲渡した場合は以下のようにみなし配当が発生し、かつ、相続税の取得費加算がありませんので、税負担が重くなります。

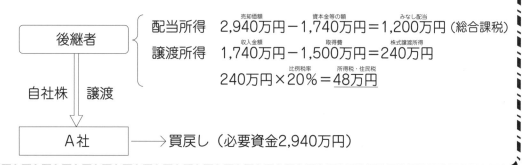

配当所得　$$2,940万円－1,740万円＝1,200万円（総合課税）$$
（売却価額　資本金等の額　みなし配当）

譲渡所得　$$1,740万円－1,500万円＝240万円$$
（収入金額　取得費　株式譲渡所得）

$$240万円×20％＝\underline{48万円}$$
（比例税率　所得税・住民税）

→ 買戻し（必要資金2,940万円）

Q−18　自社株は物納できる？（その１）

◆自社株を相続した相続人に納税資金がない場合

　オーナー社長が死亡し後継者が自社株を相続し、多額の相続税が発生してしまった場合には、金銭一時納付に代えて相続した自社株を国に物納するという方法があります。物納は発行法人への譲渡の場合と異なり、相続人に所得税・住民税が課税されないというメリットがあります。ただし、物納許可を受けるためには様々な要件があり、生前にその準備をしておく必要があります。

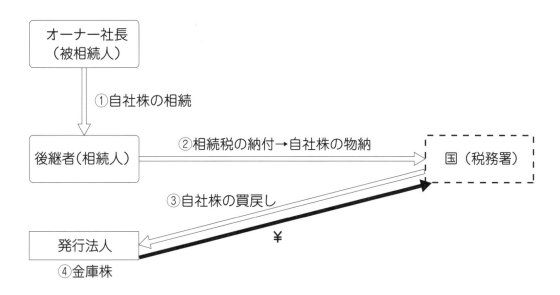

◆相続税の納付の方法

　相続税は、各相続人が相続開始のあったことを知った日の翌日から10か月以内に金銭で一括納付することが原則です。ただし、一括納付が困難な場合には「延納（分割払い）」が認められ、延納も困難な場合に「物納」が認められます。

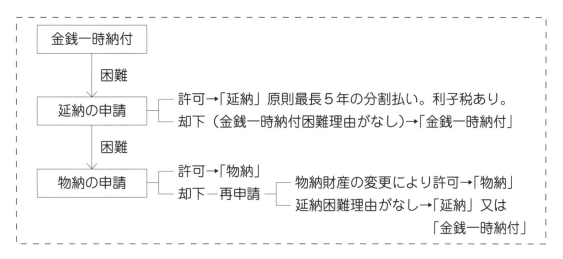

◆自社株の物納順位

　物納に充てる財産には次のとおり順位があり、自社株を物納する際には、自社株以外に物納に充てるべき先順位の財産がないことが第一の要件となります。

```
物納順位
　第1順位　①　国債・地方債・不動産・船舶・上場株式等
　　　　　　②　不動産及び上場株式のうち物納劣後財産に該当するもの（地上
　　　　　　　　権が設定されている土地など）
　第2順位　③　非上場株式等
　　　　　　④　③のうち物納劣後財産に該当するもの（事業を休止している法
　　　　　　　　人の株式）
　第3順位　⑤　動産

　　　　※譲渡制限株式は、物納不適格財産（管理処分不適格財産）となり物納に
　　　　　充てることはできません。
```

◆自社株の物納の要件

①譲渡制限の解除

　好まざる株主の登場を防ぐためなどの理由により多くの中小企業では、定款で株式の譲渡制限（譲渡のためには会社の承認を要する）を規定しています。ところが、市場性のない株式の場合、譲渡制限付株式については、物納不適格財産とされて物納に充てることができません。

　そこで、譲渡制限付株式を物納しようとする場合は、取締役会等の決議により譲渡制限の解除を行い物納適格財産にしなければなりません。

②物納後買い戻す者がいること

　物納適格となる場合でも、物納後その自社株を買い戻す者（個人又は法人）がいることが条件とされます。もしも、買取人が指定された期日までに買戻しをしないと物納許可が取り消され、取り消された税額を直ちに納付しなければならなくなります（利子税も生じます）。

　なお、買い戻す者がいない場合には、国は一般競争入札により売却しなけれればなりませんので、その場合には発行会社の経営内容（将来の収益性など）を総合的に勘案し売却見込みがあるとした場合に、物納が許可されます（発行会社は有価証券報告書など一定の提出書類の準備をしなくてはなりません）。

例）①相続
　　・被相続人　父（Ａ社のオーナー社長）
　　・相続人　　子（Ａ社の中心的同族株主）
　　・相続財産　Ａ社株式600株
　　　　　　　　　税務上の時価（原則的評価額）　１株当たり98,000円
　　　　　　　　その他の相続財産　１億円
　　・法定相続人　子のみ
　　②Ａ社株の物納
　　　　相続人である子は、相続で取得した自社株300株のうち200株を物納し
　　　た。残額は金銭で納付した。
　　③Ａ社による買戻し
　　・譲渡者　　国
　　・購入者　　Ａ社
　　・譲渡財産　Ａ社株式200株
　　・譲渡価額　１株当たり98,000円

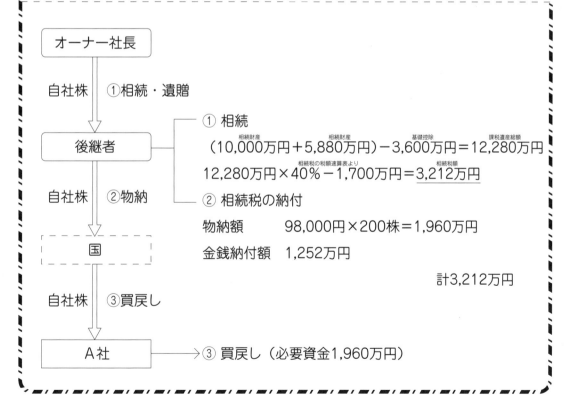

オーナー社長

自社株　①相続・遺贈

後継者

① 相続
（10,000万円＋5,880万円）－3,600万円＝12,280万円
（相続財産　　　　相続財産　　　　基礎控除　　　課税遺産総額）
12,280万円×40％－1,700万円＝3,212万円
（相続税の税額速算表より　　　　相続税額）

自社株　②物納

② 相続税の納付
物納額　　　98,000円×200株＝1,960万円
金銭納付額　1,252万円

国

計3,212万円

自社株　③買戻し

Ａ社　　　　→　③ 買戻し（必要資金1,960万円）

Q－19　自社株は物納できる？（その２）

◆発行会社に買い戻し資金がない場合

　Q－18では、自社株の発行会社が国から自社株を買い戻しました。発行会社に買い戻し資金がない場合は、関連会社が買い戻すという方法も考えられます。その後、関連会社から発行法人が買い戻します。

　なお、Q－16と同様に関連会社を介在させる場合には、合理的な理由が必要です。

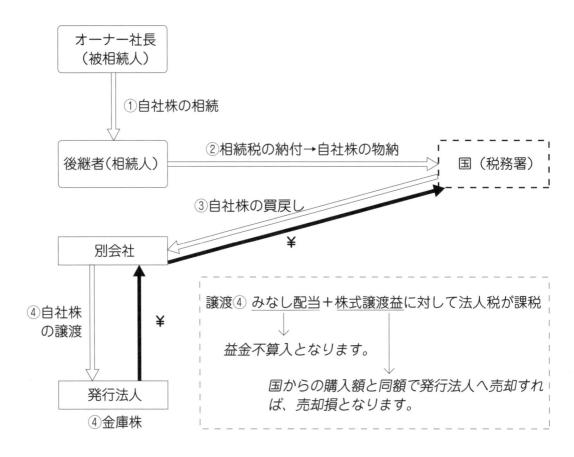

例）①相続
　　・被相続人　父（Ａ社のオーナー社長）
　　・相続人　　子（Ａ社の中心的同族株主）
　　・相続財産　Ａ社株式600株
　　　　　　　　税務上の時価（原則的評価額）　１株当たり98,000円
　　　　　　　　その他の相続財産　１億円
　　・法定相続人　子のみ

②Ａ社株の物納

　相続人である子は、相続で取得した自社株300株のうち200株を物納した。残額は金銭で納付した。

③Ｂ社（関連会社）による買戻し

・譲渡者　　　国

・購入者　　　Ｂ社（Ａ社の関連会社）

・譲渡財産　　Ａ社株式200株

・譲渡価額　　１株当たり98,000円

④Ａ社による買戻し

・譲渡者　　　Ｂ社（Ａ社の関連会社）

・購入者　　　Ａ社

・譲渡財産　　Ａ社株式200株

・譲渡価額　　１株当たり98,000円

・１株当たりの資本金額58,000円

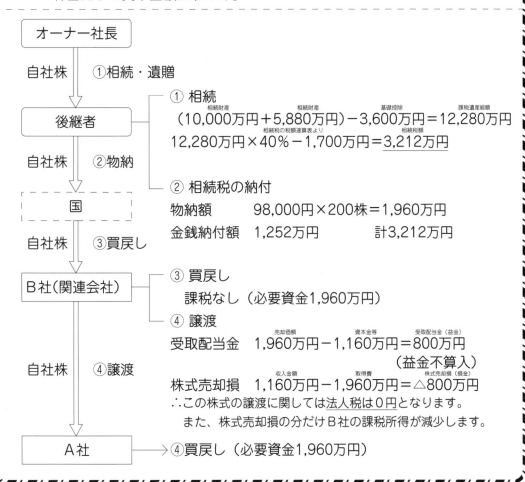

オーナー社長

自社株　　①相続・遺贈

後継者

① 相続
　相続財産　　　　相続財産　　　　　基礎控除　　　　課税遺産総額
　（10,000万円＋5,880万円）－3,600万円＝12,280万円
　　　　　相続税の税額速算表より　　　　　　相続税額
　12,280万円×40％－1,700万円＝3,212万円

自社株　　②物納

② 相続税の納付
　物納額　　　　98,000円×200株＝1,960万円
　金銭納付額　　1,252万円　　　　　計3,212万円

国

自社株　　③買戻し

③ 買戻し
　課税なし（必要資金1,960万円）

Ｂ社（関連会社）

④ 譲渡
　　　　　　　　　　売却価額　　　　資本金等　　　受取配当金（益金）
　受取配当金　1,960万円－1,160万円＝800万円
　　　　　　　　　　　　　　　　　　　　（益金不算入）
　　　　　　　　収入金額　　　　取得費　　　株式売却損（損金）
　株式売却損　1,160万円－1,960万円＝△800万円
　∴この株式の譲渡に関しては法人税は０円となります。
　また、株式売却損の分だけＢ社の課税所得が減少します。

自社株　　④譲渡

Ａ社　→④買戻し（必要資金1,960万円）

Q－20　自社株の取得が認められるケースは？

◆**会社法上、自社株式の取得は自由**

　現行会社法では、発行会社が自己株式を取得できるケースとして、会社法第155条1項1号から13号まで限定列挙していますが、その3号に株主との合意による有償取得（会社法第156条1項の決議があった場合）を掲げています。したがって、株主との合意があれば自由に自社株を取得できることになります。

　ここでは、株主との合意による取得（会社法第156条1項の決議があった場合）をはじめいくつかのケースを見ていきます。

◆**株主との合意による取得（会社法第156条1項）**

　会社法では、株主総会の普通決議があれば、取締役（取締役会設置会社においては取締役会）に自己株式の取得を授権できることとされています。この株主総会は臨時株主総会でもできるため、自己株式の迅速な取得が可能となりました。

　必要な手続きの概略は、以下のとおりです。

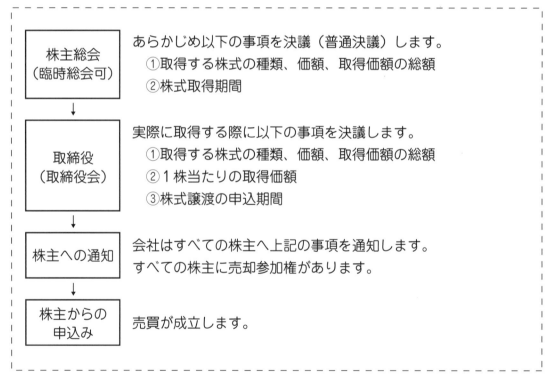

　なお、特定の株主に限定して売却の機会を与える方法も規定しています。この場合には、株主総会で「特定の株主」にだけ通知を行うことを決議（特別決議）しておく必要があります。ただし、他の株主にも自分も「特定の株主」に加わることを請求する機会を与えていますので、一般株主を完全に排除できるものではありません。

◆相続人との合意による取得（会社法第162条）

　株式譲渡制限会社のみに設けられた制度です。相続人等からの買取りに限り、他の株主の売却参加権を認めないとするものです。手続の概略は次のとおりです。

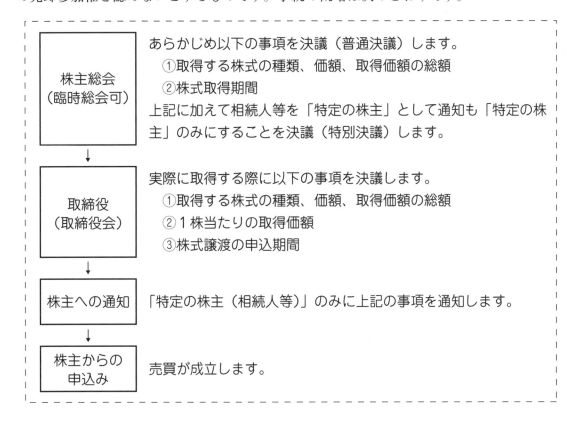

あらかじめ以下の事項を決議（普通決議）します。
　①取得する株式の種類、価額、取得価額の総額
　②株式取得期間
上記に加えて相続人等を「特定の株主」として通知も「特定の株主」のみにすることを決議（特別決議）します。

実際に取得する際に以下の事項を決議します。
　①取得する株式の種類、価額、取得価額の総額
　②１株当たりの取得価額
　③株式譲渡の申込期間

「特定の株主（相続人等）」のみに上記の事項を通知します。

売買が成立します。

[図中ボックス：株主総会（臨時総会可）→取締役（取締役会）→株主への通知→株主からの申込み]

◆相続人からの強制取得（会社法第174条）

　前記の相続人との合意による取得は、会社に買取りの強制力はありません。あくまでも株主が買取りに応じた場合に可能となります。したがって、株主に相続があり会社にとって好ましくない相続人が株主になったとしても、その者から強制的には買取りはできないのです。これに対して、譲渡制限株式に限りこの強制買取りを可能とした制度も設けられています。この制度の手続きの概略は以下のとおりです。

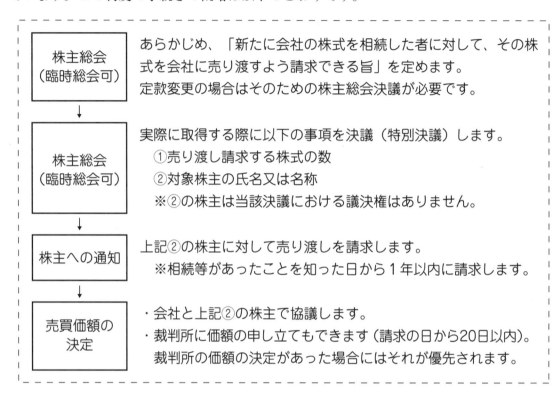

◆取得請求権付株式（会社法第107条１項二、第108条１項五）

　取得請求権付株式とは、株主から会社に対して株式の買取りを請求できる権利の付与された株式です。

　会社が取得請求権付株式を発行する場合には、定款の定めが必要です。

◆取得条項付株式（会社法第107条１項三、第108条１項六）

　取得条項付株式とは、会社が一定の事由が生じたことを条件として当該株式を強制取得することができる株式をいいます。

　会社が取得条項付株式を発行する場合には、定款の定めが必要です。定款変更する場合には、全株主の同意を得なければなりません。

　例えば、「持ち株数が一定量を超える株主が出現した場合に、株主総会の決議により無議決権株式に転換できる」という条項を付した取得条項付株式を発行することも可能です。

◆全部取得条項付株式（会社法第108条１項七）

全部取得条項付株式とは、株主総会の決議（特別決議）により、会社がその全部取得条項付株式の全部を強制取得することができる株式をいいます。

全部取得条項付株式を発行する場合には、定款の定めが必要です。定款変更には全株主の同意は必要なく株主総会の特別決議で可能です。

取得条項株式との相違点は以下のとおりです。

・取得条項付株式は、取得条項株式の一部の強制取得が可能ですが、全部取得条項付株式は、一度に全部取得条項付株式の全部の強制買取りが必要になります。

・取得条項付株式は全株主の同意がなければ制度化できませんが、全部取得条項付株式は株主総会の特別決議で制度化できることになります。

このような違いは、全部取得条項付株式は、もともと私的整理等において100％減資を必要とする場合に、それを実現しやすくするという実務からの要請に応えた制度としての一面から来ているものと思われます。

第4章
生命保険の活用

Q－21　生命保険を活用した自社株の買取りと勇退退職金の支給

◆勇退後の生活資金の確保

①オーナー社長が勇退する際に保険を解約します。

②その解約返戻金を資金として、オーナー社長の保有する自社株を会社が買い取ります。

③さらに、解約返戻金を資金として、オーナー社長の勇退に基づく役員退職金を支払います。

④これにより、会社に資金的な負担を与えることなくオーナー社長の勇退後の生活資金が確保できます。

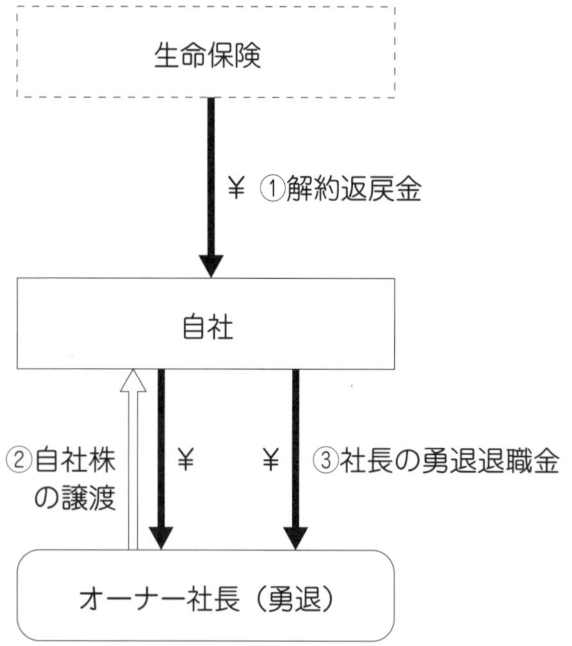

◆自社株買取財源規制のクリア

自社株は会社の剰余金の範囲でしか取得することはできません。解約返戻金の一部が利益となり剰余金の増加をもたらし、剰余金の脆弱な会社でも自社株の買取りが可能となります。（Q－13参照）

◆会社の資金負担の軽減

会社が自社株を買い取るためには一方では現実の資金（キャッシュ）が必要です。生命保険を活用することにより、会社の運転資金に影響を与えることなく、退職金や自社株の買取資金が確保できます。

◆会社の法人税等の負担の軽減

解約返戻金の一部が益金となり課税所得の増加をもたらしますが、同事業年度内に役員退職金を支給すれば、それが損金となり相殺効果をもたらします。

①保険の解約

①解約返戻金を受領することにより剰余金が増加します。※
②剰余金の増加により自社株の取得財源が確保できます。
（Ｑ－13参照）
※加入商品の種類によっては、保険料積立金（資産）を解約返戻金が下回る場合があります。

↓

②自社株の買取り

①自社株の取得決議
事前に株主総会で取得する株式の価額や取得期間などの決議をしておき、実際に特定の相続人から取得する段階で取締役会で１株当たりの取得価額等を決議します。（Ｑ－20参照）
②１株当たりの取得金額（自社株の評価）
(a)類似業種比準価額
評価額を左右する評価会社の比準要素は、下記の数値を使用します。
「一株あたり配当金」直前期末以前２年間の数値
「一株当たり利益金額」直前期末以前１年間の数値
「一株当たり純資産額」直前期末時点の数値
したがって、保険の解約と自社株の買取時期が同期内であれば、評価額は解約返戻金の影響を受けません。
(b)純資産価額
純資産価額は、課税時期における評価額となります。したがって、評価額は解約返戻金の影響を受けることになります。
③オーナー社長の納税準備
配当所得及び譲渡所得に対して所得税・住民税が課税されます。
（Ｑ－15参照）

↓

③退職金の支給

①役員退職金の額
事前に役員退職金規程を作成しておき、支給する退職金の計算根拠を定めておく必要があります。なお、会社が定めた計算方式により計算した役員退職金が税務上、全額損金として認められるとは限りませんので、専門家に相談した上で計算根拠を定める必要があります。
②役員退職金の損金算入時期
役員退職金の損金算入の時期は、原則として株主総会の決議等によりその額が具体的に確定した日の属する事業年度となります。解約返戻金の受領期と役員退職金の支給期を同じくすることにより、法人税の負担が軽減されます。
③オーナー社長の納税準備
退職所得に対して所得税・住民税が課税されます。なお、退職所得は分離課税であり、給与所得に比べると税負担が軽減されています。

◆役員退職金の損金算入要件

役員の分掌変更などによりその地位の変更があったような場合でも、実質的に退職したものとして支給した役員退職金について、法人の損金に算入することが認められるケースがあります。

分掌変更により支給する役員退職給与の損金算入の主な要件（法人税基本通達9－2－32）は以下のとおりです。

・分掌変更の後における役員の給与が激減（おおむね50％以上の減少）したこと

・その分掌変更等の後においても法人の経営上主要な地位を占めていると認められる者でないこと

・退職給与として支給した給与について未払いでないこと

(注)上記の事実は例示であって、重要な点は「その役員としての地位又は職務が激変し、実質的に退職したと同様の事情にあると認められる場合」です。

◆役員退職金に対する課税関係

役員や従業員が生前退職をし、本人が退職金を取得した場合には、取得した退職金は退職所得（分離課税）とされて所得税・住民税が課税されます。

これに対して、役員や従業員の死亡後にその遺族が取得した退職金は、相続財産とみなされて相続税が課税されることになります。ただし、退職金を取得した遺族が相続人である場合には、死亡保険金とは別枠で非課税金額（500万円×法定相続人の数）が設けられています。

なお、死亡後3年を経過した後に支給が確定した場合には、取得した遺族に対して相続税課税はなされず、一時所得（総合課税）として所得税・住民税が課税されることになります。

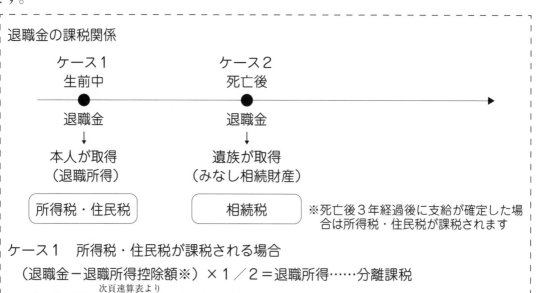

退職金の課税関係

ケース1　所得税・住民税が課税される場合

（退職金－退職所得控除額※）×1／2＝退職所得……分離課税

退職所得×　税率　＝所得税・住民税
（次頁速算表より）

※勤続年数20年以下で退職した場合

勤続年数×40万円＝退職所得控除額（最低80万円）

勤続年数20年超で退職した場合

①40万円×20年＝800万円

②（勤続年数－20年）×70万円

①＋②＝退職所得控除額

所得税・住民税の税額速算表

課税所得金額（A）		税率（B）	控除額（C）
	195万円以下	15%	－
195万円超	330万円以下	20%	97,500円
330万円超	695万円以下	30%	427,500円
695万円超	900万円以下	33%	636,000円
900万円超	1,800万円以下	43%	1,536,000円
1,800万円超	4,000万円以下	50%	2,796,000円
4,000万円超		55%	4,796,000円

ケース２　相続税が課税される場合

退職金－（500万円×法定相続人の数）＝課税価格に算入される額
　　　　　　　非課税金額

例）・退職一時金　5,000万円

　　・勤続年数　34年３か月

ケース１　所得税・住民税が課税される場合

（5,000万円－1,850万円※）×１／２＝1,575万円

1,575万円×43％－153.6万円＝523.65万円（所得税・住民税）
　　　　速算表より

※勤続年数に1年未満の端数があるときは1年として、退職所得控除額を計算します。

①40万円×20年＝800万円

②（35年－20年）×70万円＝1,050万円

①＋②＝1,850万円

ケース２　相続税が課税される場合

法定相続人は３人とします。

課税価格に算入される額＝5,000万円－（500万円×３人）＝3,500万円
　　　　　　　　　　　　　　　　　　非課税金額

→相続税額までの計算についてはQ−1を参照ください。

Q－22　生命保険を活用した自社株の買取りと死亡退職金の支給（その1）

◆**剰余金が潤沢な会社の場合**

①オーナー社長が死亡した場合、オーナー社長の保有株は相続人に相続されます。

②次に、オーナー社長を被保険者とし保険金受取人を会社とした生命保険契約から会社に死亡保険金が支払われます。

③会社はそれを原資として、オーナー社長の遺族に死亡退職金を支払います。

④さらに自社株を相続した相続人から自社株を買い取ります。

⑤これにより、相続人は、死亡退職金と自社株の譲渡代金を相続税の納税資金と生活資金に充てることができます。

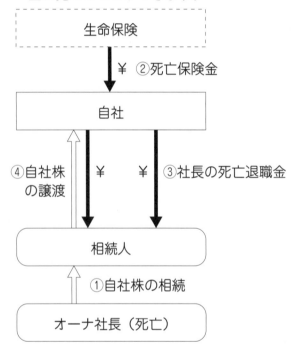

◆**自社株の評価引き下げ**

　死亡保険金の一部が益金となり利益や純資産の増加をもたらし自社株の評価額を押し上げることになりますが、オーナー社長の遺族に死亡退職金を支給するため、それが利益や純資産の減少をもたらし自社株の評価増を抑制します。

◆**会社の資金負担の軽減**

　会社が自社株を買い取るためには、一方では現実の資金（キャッシュ）が必要です。生命保険を活用することにより、会社に運転資金に影響を与えることなく、死亡退職金や自社株の買取資金が確保できます。

◆**会社の法人税等の負担の軽減**

　死亡保険金の一部が益金となり課税所得の増加をもたらしますが、オーナー社長の遺族に死亡退職金を支給するため、それが損金となり相殺効果をもたらします。

— 80 —

①オーナー社長
の死亡

①相続人はオーナー社長の保有株式を相続します。

②死亡保険金の
受領

①死亡保険金を受領することにより剰余金が増加します。

②剰余金の増加により自社株の取得財源が確保できます。

（Ｑ－13参照）

③退職金の支給

①役員退職金の額

　事前に役員退職金規程を作成しておき、支給する退職金の計算根拠を定めておく必要があります。なお、会社が定めた計算方式により計算した役員退職金が税務上、全額損金として認められるとは限りませんので、専門家に相談した上で計算根拠を定める必要があります。

②役員退職金の損金算入時期

　役員退職金の損金算入の時期は、原則として株主総会の決議等によりその額が具体的に確定した日の属する事業年度となります。解約返戻金の受領期と役員退職金の支給期を同じくすることにより、法人税の負担が軽減されます。

③相続人の納税準備

　遺族が受け取った死亡退職金には相続税が課税されます（Ｑ－１参照）。ただし、相続人が受取人の場合には、非課税枠（500万円×法定相続人の数）が設けられています（Ｑ－21参照）。

④自社株の買取り

①自社株の取得決議

　事前に株主総会で取得する株式の価額や取得期間などの決議をしておき、実際に特定の相続人から取得する段階で取締役会で1株当たりの取得価額等を決議します（Ｑ－20参照）。

②１株当たりの取得金額（自社株の評価）

㈎類似業種比準価額

　評価額を左右する評価会社の比準要素は、下記の数値を使用します。

　　「一株あたり配当金」直前期末以前２年間の数値

　　「一株当たり利益金額」直前期末以前１年間の数値

　　「一株当たり純資産額」直前期末時点の数値

　したがって、保険金の受領と自社株の買取時期が同期内であれば、評価額は死亡保険金の影響を受けません。

㈏純資産価額

　純資産価額は、課税時期における評価額となります。したがって、評価額は死亡保険金の影響を受けることになりますが、死亡退職金を

支給することにより、評価額の上昇を抑制することができます。

③相続人の納税準備

　譲渡所得に対して所得税・住民税が課税されます。みなし配当課税は行われません。また、自社株に係る相続税を譲渡所得から控除できます（Q－17参照）。

```
⑤相続税の納税
```

①相続人の納税

　相続により取得した自社株には相続税が課税されます（Q－1参照）。相続税の申告納付期限は相続開始を知った日から10か月後です。

Q－23　生命保険を活用した自社株の買取りと死亡退職金の支給（その２）

◆剰余金が脆弱な会社の場合

①オーナー社長が死亡した場合、オーナー社長の保有株は相続人に相続されます。

②次に、オーナー社長を被保険者とし保険金受取人を会社とした生命保険契約から会社に死亡保険金が支払われます。

③自社株の取得財源規制をクリアしたところで、会社はそれを原資として、オーナー社長の相続人から自社株を買い取ります。

④さらにオーナー社長の遺族に死亡退職金を支払います。

⑤これにより、相続人は、死亡退職金と自社株の譲渡代金を相続税の納税資金と生活資金に充てることができます。

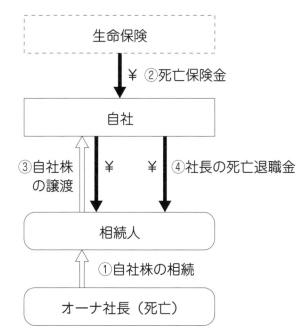

◆自社株買取財源規制のクリア

　相続人から自社株を購入する場合でも、自社株は会社の剰余金の範囲でしか取得することはできません。解約返戻金の一部が利益となり剰余金の増加をもたらし、剰余金の脆弱な会社でも自社株の買取りが可能となります（Q－13参照）。

◆会社の資金負担の軽減

　会社が自社株を買い取るためには、一方では現実の資金（キャッシュ）が必要です。生命保険を活用することにより、会社の運転資金に影響を与えることなく、死亡退職金や自社株の買取資金が確保できます。

◆会社の法人税等の負担の軽減

　死亡保険金の一部が益金となり課税所得の増加をもたらしますが、オーナー社長の遺族に死亡退職金を支給するため、それが損金となり相殺効果をもたらします。

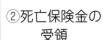

| ①オーナー社長
の死亡 | ①相続人はオーナー社長の保有株式を相続します。 |

↓

②死亡保険金の受領

①死亡保険金を受領することにより剰余金が増加します。

②剰余金の増加により自社株の取得財源が確保できます。

（Q－13参照）

↓

③自社株の買取り

①自社株の取得決議

　事前に株主総会で取得する株式の価額や取得期間などの決議をしておき、実際に特定の相続人から取得する段階で取締役会で１株当たりの取得価額等を決議します（Q－20参照）。

②１株当たりの取得金額（自社株の評価）

(a)類似業種比準価額

　評価額を左右する評価会社の比準要素は、下記の数値を使用します。

　　「一株あたり配当金」直前期末以前２年間の数値

　　「一株当たり利益金額」直前期末以前１年間の数値

　　「一株当たり純資産額」直前期末時点の数値

　したがって、保険金の受領と自社株の買取時期が同期内であれば、評価額は死亡保険金の影響を受けません。

(b)純資産価額

　純資産価額は、課税時期における評価額となります。したがって、評価額は死亡保険金の影響を受けることになります。

③相続人の納税準備

　譲渡所得に対して所得税・住民税が課税されます。みなし配当課税は行われません。また、自社株に係る相続税を譲渡所得から控除できます（Q－17参照）。

↓

④退職金の支給

①役員退職金の額

　事前に役員退職金規程を作成しておき、支給する退職金の計算根拠を定めておく必要があります。なお、会社が定めた計算方式により計算した役員退職金が税務上、全額損金として認められるとは限りませんので、専門家に相談した上で計算根拠を定める必要があります。

②役員退職金の損金算入時期

　役員退職金の損金算入の時期は、原則として株主総会の決議等によりその額が具体的に確定した日の属する事業年度となります。死亡保険金の受領期と役員退職金の支給期を同じくすることにより、法人税の負担が軽減されます。

③相続人の納税準備

　遺族が受け取った死亡退職金には相続税が課税されます（Ｑ－１参照）。ただし、相続人が受取人の場合には、非課税枠（500万円×法定相続人の数）が設けられています（Ｑ－21参照）。

⑤相続税の納税

①相続人の納税

　相続により取得した自社株には相続税が課税されます（Ｑ－１参照）。納税資金には、自社株式の譲渡代金を充てます。相続税の申告納付期限は相続開始を知った日から10か月後です。

第5章
オーナー社長が
認知症になったら？

Q-24 認知症になると、会社経営や個人の資産の管理上のリスクとは？

◆判断能力（意思能力）と法律行為

　超高齢社会となった現代、認知症に関する話題やニュースを耳にすることも多くなってきました。みなさんの中には、「認知症で判断能力がなくなると、法律行為（取引行為）ができなくなってしまう」といった話を聞いたことがある方もいるのではないでしょうか？

　ではなぜ、判断能力がなくなると法律行為ができなくなるのでしょうか。
それは、正常な判断能力を有することが、有効な法律行為を行うための前提とされているからです。

　例えば私たちが買い物という法律行為をすると、買主には「代金支払い義務」と「商品の引渡しを求める権利」が発生し、反対にお店には「商品の引渡し義務」と「代金の支払いを求める権利」が発生します。このように、当事者それぞれに権利と義務が生じる（＝法的に拘束される）のは、この買い物という行為が、お互いの自由な意思決定に基づいているからこそなのです。

　これを反対に解釈すると、自由な意思決定ができない状態（＝判断能力が失われた状態）では法的な拘束力は生じず、その「法律行為は無効である」、という結論が導かれるのです。（大判・明38年5月11日「判断能力を欠く者がした行為は当然に無効となる」）

◆民法の条文にあてはめると・・・

　【改正民法第3条の2】
　法律行為の当事者が意思表示をした時に意思能力を有しなかったときは、
　その法律行為は、無効とする。

　例えば、認知症で判断能力のない方が不動産の売買をしようとする場合、
　不動産の売買は法律行為にあたる。

　認知症の名義人が不動産の売買契約を行っても、その売買契約は無効になる。

◆**意思能力と売買契約のイメージ**

●意思能力が充分であれば

〇 **売買契約できる**

✕ **売買契約できない**

? 認知症になったらもう売却できない？

◆判断能力の低下が将来する法的リスク

【判断能力がないために契約や遺言が無効とされた裁判例】
①不動産売買（東京高判　平成27年4月28日）
　不動産を所有する高齢者を訪問した不動産業者が、訪問の翌日には売買契約を締結して決済及び所有権移転登記手続を行った事案について、売買契約は売主の判断能力欠如に乗じて不動産を奪取したものだとして、買主業者等（業者、同社代表者、営業担当者）及び登記手続をした司法書士に対して共同不法行為等に基づく損害賠償を求めた裁判で、**買主業者等への損害賠償請求の一部を認容し、司法書士の責任も認容**した事例。

②公正証書遺言（東京地判　平成28年8月25日）
　遺言者が税理士に遺言の相談をした日から約2年後に、遺言者の長男からの依頼により同税理士によって作成された公正証書遺言書について、遺言者はパーキンソン病による痴呆が進行していたこと、公証人の読み聞かせに対し遺言者は「はあ」「はい」などの返事しか発しなかったこと、読み聞かせの後公証人は公正証書を再度読み返したが読み返した通りの内容で良いか遺言者本人に確認を求めなかったこと、遺言者の主治医が公証人からの診断書作成依頼（「遺言が可能な状態であった」旨の診断書）を断ったことなどから、**遺言書作成時、遺言者には遺言内容を決めたり、遺言の効果を理解したりするような能力はなかったとして、税理士が作成した案文をもとに作成された公正証書遺言が無効とされた**事例。

　上記②の事例のように、公証役場にて作成をした公正証書遺言も場合によっては、意思能力がないとして後日紛争になった場合に無効とされる事例もあります。
　意思能力の有無の判断は非常に難しいため、判断力が危うい状況になってからの法律行為については慎重に行う必要があります。
　では、判断能力がなくなってしまった後では一切法律行為ができないのでしょうか？もしそのようなことになると、それはそれで困ってしまいます。**その部分を手当する制度が成年後見制度になります。**

Q－25　成年後見制度の概要

◆認知症になったら、成年後見制度を利用

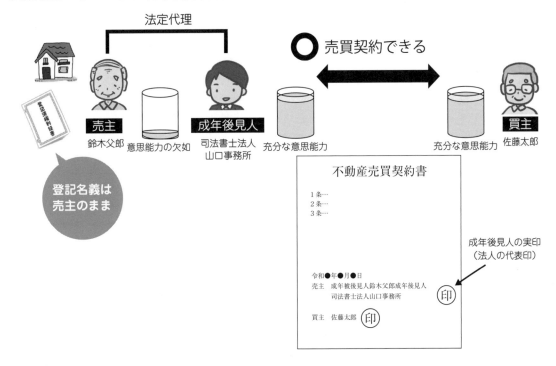

法定代理

売主
鈴木父郎　意思能力の欠如

成年後見人
司法書士法人
山口事務所　充分な意思能力

○売買契約できる

充分な意思能力　買主
佐藤太郎

登記名義は
売主のまま

不動産売買契約書

1条…
2条…
3条…

令和●年●月●日
売主　成年被後見人鈴木父郎成年後見人
　　　司法書士法人山口事務所　　　　㊞
買主　佐藤太郎　㊞

成年後見人の実印
（法人の代表印）

◆成年後見制度とは

　認知症の方、知的障害や精神障害のある方が、社会生活においてさまざまな契約や遺産分割などの法律行為をする場合に、判断能力が不十分なために、その契約によってどのような効果が発生するのか、自分の行った行為の結果の判断ができなかったり、不十分だったりする場合があります。

　また、判断能力の乏しい認知症の方が、遺産分割協議や売買契約等の法律行為をしても、遺産分割が無効となったり、後日契約が取り消されたりする可能性があるので非常に不安定です。

　成年後見制度はこのような方々（以下、「本人」といいます）について、本人がお持ちになっている預貯金や不動産等の財産管理や遺産分割協議等の法律行為、あるいは介護、施設への入退所など、生活に配慮する身上監護などを本人に代わって法的に権限を与えられた成年後見人等が行うことによって、**本人を保護し支援する制度**です。

◆成年後見関係事件の概況（参考：最高裁判所事務総局家庭局公表資料）

申立件数

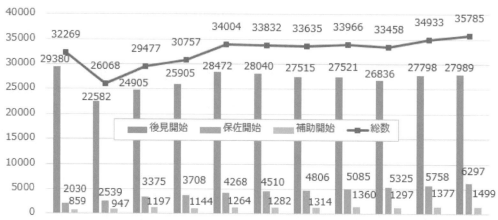

※任意後見監督人の選任件数は除いているため、後見、保佐、補助の合計は総数と一致しません。

◆申立の動機について

　申立の動機としては、預貯金の管理・解約が最も多く、次に身上監護、介護保険契約となっています。

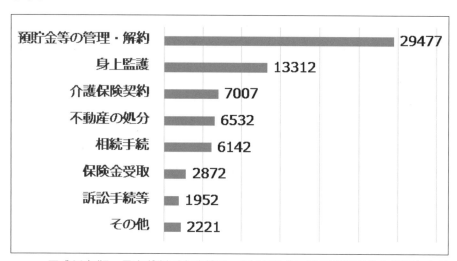

平成30年版・最高裁判所事務総局・「家庭局成年後見関係事件の概況」より

◆成年後見人の本人との関係

上の円グラフを見て下さい。成年後見人には親族が就かれると思っておられる方も多いかと思います。

しかし、近年、成年後見人には弁護士や司法書士といった専門職が選任される傾向にあります。

そして、**一度成年後見人が選任されると、ご本人がお亡くなりになるまで成年後見業務はずっと継続することになります。**

すなわち、不動産売買などの成年後見人を付ける目的が果たせたとしても、その時点で成年後見制度の利用を終了させるということはできないということです。

◆成年後見人の報酬（東京家庭裁判所 平成25年1月1日現在）

成年後見人が、通常の後見事務を行った場合の報酬（これを「基本報酬」と呼びます）のめやすとなる金額は月額２万円です。

ただし、管理財産額（預貯金及び有価証券等の流動資産の合計額）が高額な場合には、財産管理事務が複雑、困難になる場合が多いので、管理財産額が1,000万円を超え5,000万円以下の場合には基本報酬額を月額３万円～４万円、管理財産額が5,000万円を超える場合には基本報酬額を月額５万円～６万円とします。

上記のように、一度成年後見人を選任すると原則としてご本人の相続発生まで成年後見制度の利用が継続し、８割近くの確率で専門職が後見人に就くことになり、その費用が年額で30万円前後ぐらいかかり続けることになります。

◆成年後見制度に関する家庭裁判所の監督指針

※東京家庭裁判所「成年後見申立の手引」より抜粋
『本人の財産管理は、本人の利益を損なわないよう、元本が保証されたものなど安全確実な方法で行うことを基本とし、投機的な運用はしないでください。
　本人を保護することが成年後見人の仕事ですので、本人の利益に反して本人の財産を処分（売却や贈与など）してはいけません。
　成年後見人、本人とその配偶者や子、孫など（親族が経営する会社も含む。）に対する贈与や貸付けなども、原則として認められません。相続税対策を目的とする贈与等についても同様です。
　本人の財産を減らすことになり、また、ほかの親族との間で無用の紛争が発生するおそれがあるからです。』

成年後見制度の趣旨は、ご本人（判断能力がなくなった方）の権利・利益の保護

本人の資産の柔軟な運用は困難
相続税対策は事実上不可能

Q－26　個人資産の預貯金の管理と認知症。その対策としての家族信託（金銭信託）

◆口座名義人が認知症となり判断能力がなくなると……

　口座名義人が認知症と判断され判断能力がなくなったことを金融機関に知れた場合、原則として預金口座は凍結され、預金の引出し・口座引落し・解約などは一切できなくなってしまいます。前述のとおり、認知症により判断能力が失われた方は法律行為を行うことができません。預金の引出しや解約などはすべて法律行為であるため、認知症の方は行うことができなくなってしまうのです。

　また口座の凍結は、「本人保護」という観点からも説明することができます。つまり、判断能力がない方の口座から本人以外が引出しを行うことは危険なので、本人の財産を守るための手段として口座を凍結するのです。この他にも、口座の不正利用や詐欺を防止するというため、ということも凍結の理由といえます。

　口座が凍結されてしまった場合は、成年後見人をつけて預金を管理することになります。以降、成年後見人が通帳・印鑑を管理し、引出しができるのは成年後見人だけとなります。

　しかも前述のとおり、一度後見人を選任すると専門職後見人の費用が年数十万円程度かかり続けてしまいます。

◆家族信託（金銭信託）を活用すると……

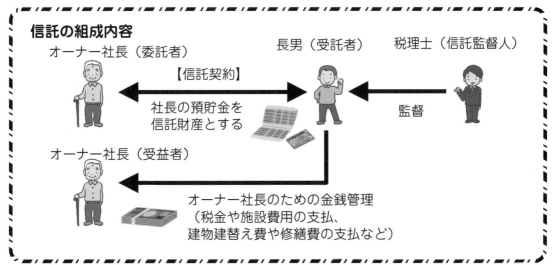

　オーナー社長を金銭信託の委託者、長男を受託者とする金銭信託を設定します。

　受託者となった長男はオーナー社長に代わって、社長から委託された金銭を管理します。そして、必要に応じて社長に預かった金銭から社長の生活に必要なお金を本人に渡すことができます。

　本人は勝手には預けた金銭（信託した金銭）を払戻ししたりすることはできないので、判断能力が危うくなった後の、使徒不明金のような支出を防ぐこともできます。

また、成年後見制度によっては、管理している金銭を節税目的のための不動産投資や、アパートの大規模修繕に充てることはほぼ不可能ですが、信託契約によれば、受託者の長男は、オーナー社長が認知症になってしまった後も、信託契約に基づき委託されている金銭を投資や不動産の管理費に充てることができます。

　さらに、信託契約はオーナー社長が判断能力がしっかりしている時に締結する必要がありますが、一旦有効に信託契約が成立すれば、その後オーナー社長が認知症になり判断能力がなくなってしまった後も信託契約は継続されます。そこで、任意機関である信託監督人を予め設置しておくことで、オーナー社長が万一自らが認知症になってしまった後も、当初予定していた信託契約の内容がきちんと履行されているかどうかを信託監督人によってチェックしてもらうことができます。

　信託契約の費用は、概算ではありますが、信託に組み入れる財産の評価額の1〜2％になります。仮に信託組入れ財産額が5,000万円として、2％の費用とすると100万円となりますが、成年後見制度を利用した場合、おおよそ年額30万円程度の成年後見報酬がかかりますので、後見制度を3年間も利用すれば100万円程度のコストとなってしまいます。

Q−27　個人資産の不動産の管理・処分と認知症。その対策としての家族信託（不動産信託）

◆**不動産の名義人が認知症となり判断能力がなくなると……**

　最近、自宅や地方の所有不動産の売却依頼が増加しています。そして、その不動産の名義人が認知症であるという事案です。

　介護費用捻出のためであるとか、地方の物件であるため管理の手間が大変で手離れしたいといったものが、売却したいという親族の動機になります。

　しかし前述しましたが、不動産の売却にあたり不動産の名義人が認知症で判断能力がないと有効な売買契約ができません。

　確かに、不動産名義人が認知症になってしまった後であっても、成年後見制度を利用した上でその不動産を売却することは可能です（前述のとおり、この類の相談はここ数年、急増しています）。しかし、現在は成年後見人のほとんどが弁護士や司法書士といった専門職であること、専門職の後見人の後見報酬は年間数十万円になること、さらには一度成年後見人が選任されると、不動産の売却といったその目的が達成できたからといって終了させることができない、つまり、本人の相続発生まで後見人のコストがかかり続ける、といった問題があります。

　そこで、不動産の処分行為が予想されるような場合には、あらかじめ家族信託を組んでおくことをお勧めします。

◆**家族信託（金銭信託）を活用すると・・・**

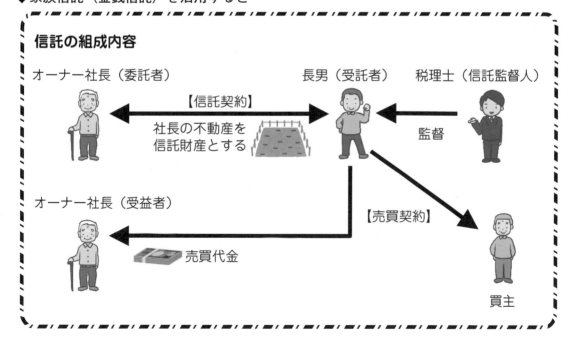

オーナー社長を不動産信託の委託者、長男を受託者とする金銭信託を設定します。

　受託者となった長男はオーナー社長に代わって、社長から委託された不動産を管理します。そして、必要に応じて社長に管理委託を受けた不動産を第三者に売却に渡すことができます。

　成年後見制度によっては、管理している不動産を売却することができるかもしれませんが、売却代金の使途については家庭裁判所が厳格に監督してきます。

　他方、家族信託の場合には、信託目的に基づき売却代金をさらに投資に回す（資産の組換え）ことも可能になります。

　このように信託契約の場合には資産管理の柔軟な対応が可能となります。

Q－28　会社の事業承継と認知症。その対策としての家族信託（株式信託）

◆会社の取締役が認知症になると……

　成年被後見人もしくは被保佐人は、会社役員（取締役、監査役）になることができません。そのため、もし役員が認知症となり成年後見人などが就任した場合、当然に役員資格を喪失することになります。定足数に不足が生じる場合には、後任の選任が必要となります。

◆会社の株主が認知症になると……

　株主総会においては会社のさまざまな意思決定がなされます。これらの決議は株主の議決権行使により行われますが、この議決権行使も法律行為であるため、判断能力のない株主によりなされた決議は、場合によっては無効事由や取消事由となるリスクがあります。

　株主に成年後見人がついた場合、成年後見人が代理人として議決権を行使することも考えられます。しかしながら、成年後見人が実際に経営判断を行うことは困難であるため、事実上会社の意思決定（議決権行使）は難しくなるものと思われます。

　すなわち、会社としての意思決定ができなくなり、会社運営が事実上滞ってしまいます。

　上記のような問題があるならば、早めに役員交代、株式譲渡をしておいた方がよいのでしょうか？

　しかし、代表取締役のポジションや株式（議決権）を次期経営者に譲るというのはなかなか簡単には行きません。

◆中小企業の事業承継の問題のポイント

①株価（財産権）～株式の譲渡にかかるコストの問題～

・後継者による株式の買取り？（買取り資金の問題）

・後継者への株式の贈与、相続？（贈与税、相続税の負担。相続まで後継者の立場が不安定）

　　⇒　相続を待たず、株価が安い時に移転したい。

②議決権（経営権）～経営権の譲渡についての問題～

・後継者の経営能力の度合（ex.長男、経営者である父の会社に入ってまだ数年）。

・現経営者がまだ経営交代自体は望んでいない。

　　⇒　株価だけみると株式を譲渡する好機であっても、会社の経営権はまだ渡したくない。

株式には、①株価（財産権）と、②議決権（経営権）という２つの権利が一体として化体していることから上記のような問題を生じます。

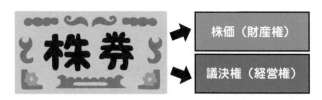

◆株式を信託することのメリット

　株式に化体する２つの権利である**株価（財産権）**と**議決権（経営権）**を**分離**させ、異なる主体に帰属させることができます。

◆＜事例1＞～すぐに経営権を譲りたいが株価が高いとき～

　　山田太郎さん(72歳)は、株式会社ヤマダのオーナー社長。長男の山田一郎さん(46歳)が既に会社の取締役になっており、会社役員としての経験も十分に積んでいる。

　　そこで太郎さんは一郎さんに経営権を譲渡し、会社経営からの引退を考えている。

　　しかし、現在株価が高いため、今すぐ一郎さんへ株式を譲渡しようとすると、贈与税の課税もしくは買取りのための資金作りの問題を生じる。

　　他方、一郎さんとしても、父太郎さんの相続まで株式の取得を待つとなると、自身の立場が不安定となり会社経営のモチベーションの低下を招来してしまう。

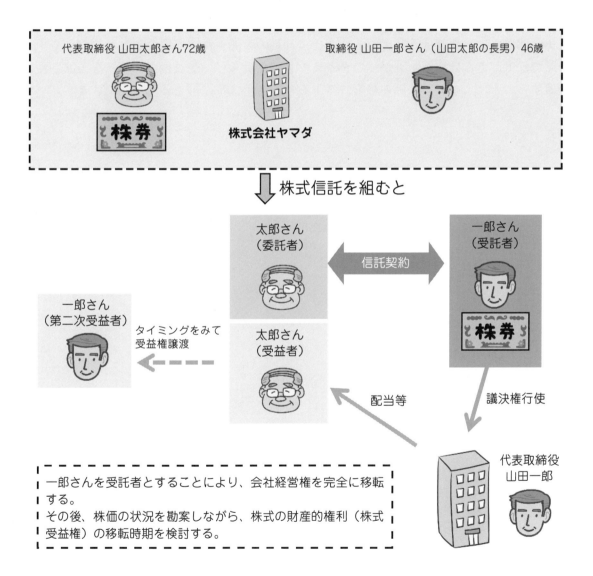

オーナー社長である太郎さんを株式信託の委託者、長男一郎さんを受託者とする株式信託を設定します。

　受託者となった一郎さんはオーナー社長の太郎さんに代わって、太郎さんから委託された株式を管理します。すなわち、株式に基づく議決権行使を行うことにより会社を実質的に経営することになります。これにより太郎さんの「すぐに会社経営権を次期経営者に権限移譲したい」という希望を叶えることができます。

　しかし、現在は株価が高いので、議決権の移譲と共に株価まで移してしまうとすると移転コストが非常に高くつきます。

　そこで、信託の設定により受益者をオーナー社長にします。株価は受益者のもとに帰属しますので、オーナー社長のもとに依然として株価が留まることになります。

　すなわち、株式について信託設定することにより、会社経営権たる議決権は受託者たる長男一郎さんに、株価は受益者たるオーナー社長の太郎さんに帰属することになります。そして、太郎さんは株価が下がったタイミングを見計らって受益権（株価）を一郎さんに譲渡することによって、株価の移転コストをリーズナブルに抑えることができます。

◆＜事例2＞～段階的に経営権を譲りたいとき～

　山田太郎さん(72歳)は株式会社ヤマダのオーナー社長。長男の山田一郎さん(46歳)が既に会社の取締役になっているが、6年前にサラリーマンを辞めて、父親の会社を継ぐために株式会社ヤマダに入ってきた。

　太郎さんはまだ一郎さんに完全には会社の経営権を委ねることはできないと思っている。

　しかし、太郎さんは現在72歳で、最近物忘れも多くなってくるなど経営者としての自信が揺らぎ始めているので、とりあえず一郎さんに代表取締役に就いてもらい、会社の経営権も譲り渡したいと考えているが、反面、しばらくの間は会社経営に対する支配力も留保しておきたいと考えている。

　他方、一郎さんとしても、自身の経営判断に対する父太郎さんの支配力が及ぶとしても、なるべく早い段階で株式の譲渡を受け会社オーナーとしての地位を確実なものにしておきたいと考えている。

株式信託を組むと

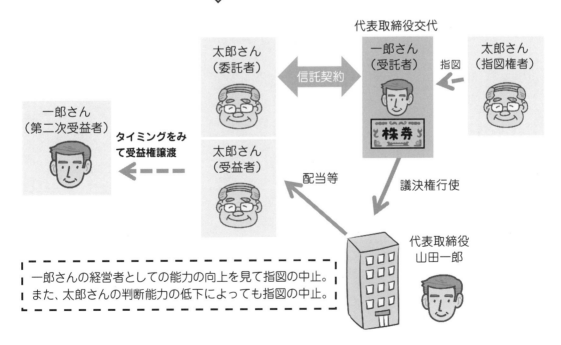

一郎さんの経営者としての能力の向上を見て指図の中止。また、太郎さんの判断能力の低下によっても指図の中止。

オーナー社長である太郎さんを株式信託の委託者、長男一郎さんを受託者とする株式信託を設定します。

　受託者となった一郎さんはオーナー社長の太郎さんに代わって、太郎さんから委託された株式を管理しますが、太郎さんには受託者に対して指図をなす権利（指図権）を設定します。これにより、受託者である一郎さんが株式に基づく議決権行使を行うことについて一定の支配権を及ぼすことができ、太郎さんの「段階的に会社経営権を次期経営者に権限移譲したい」という希望を叶えることができます。

　そして、一郎さんの成長状況を見ながら指図を中止し、完全に一郎さんに会社経営を任せることができ、株価の状況を見ながら受益権も一郎さんに移すことができます。

Q－29　認知症保険の活用

◆認知症保険の活用

　家族信託に関する相談は9割方、認知症対策です。

　従って、信託の相談の際には合わせて認知症保険の検討を促されるのが良いと思います。

　一般的に認知症保険の存在をご存知ない方が多く「こういう保険もありますよ」と提案すると、興味を持って話を聞いてもらうことができます。

　家族信託ではサポートできない部分を保険で補うことができます。ぜひ、認知症保険についても検討されるべきだと思います。

　ただし、認知症が進行した場合、受取人（被保険者）が保険金を請求できないことがあるため、契約時に指定代理請求人を指定してください。この場合、指定代理請求人はあくまでも保険金等を被保険者の代理で請求できる人であり、保険金等の受取人は被保険者自身となります。保険金等の振込先を代理請求人名義の口座に指定することもできますが、その場合も同様です。

　そのため、保険会社は契約時に、成年後見制度についても説明するようにしているようです。

　認知症保険の保険金をそのまま信託財産に組み入れるということは、その認知症保険の保険金請求権を予め受託者に譲渡しておくことになりますので、おそらく保険契約的にこれは認められないと思います。

　ただ、認知症保険による保険金額を具体的に特定しておき、例えば、「○○生命の認知症保険　証券番号○○　の保険金1,000万円の支払いを受けた場合には、その1,000万円については信託財産に追加的に組み入れるものとする」といった条項を信託契約書に盛り込んでおくことは可能と思います。

　ただ、実際上の問題は、その1,000万円が振り込まれるのは、通常は受取人である、認知症となった保険契約者・被保険者であって、その方の名義の口座に入ったあとに家族信託用の口座に振替をすることは、振替行為に関する本人の意思確認ができないため、できないと思います。そこがネックとなってくると思います。

　その点、指定代理人が指定代理人名義の口座を受取口座にして請求すれば、認知症となった受取人（被保険者）の意思能力に関係なく、口座に入ったあとに家族信託用の口座に振替をすることができると思います。

◆高度障害保険金の注意点

　認知症保険の話とは違いますが、生命保険に関連して、高度障害保険金の請求ができるケースについてもお話ししておきます。

　高度障害とは、病気やけがにより身体の一定の機能が重度に低下している状態をいい、生命保険に加入している人（被保険者）が高度障害状態になると、死亡保険金と同額の高

度障害保険金が支払われます。

　そして、高度障害保険金の請求権者は原則として被保険者になります。しかし、重度の認知症によって高度障害認定を受けたような場合に、保険金請求を本人がすることができず、ここでも成年後見制度の利用が必要となってしまいます。

　実際にこれまでも数件こういった相談を受けました。指定代理請求制度の利用が可能な場合には問題ありませんが、指定代理請求ができないようなケースにおいては成年後見制度を利用しないことには保険金の請求ができませんので、保険契約の内容の確認をされるのが良いかと思います。

保険契約者・被保険者（受取人）　　　　**指定代理請求人**

保険太郎さん

保険一郎さん

保険会社

①指定代理請求

②1,000万円
保険金支払い

②1,000万円
保険金支払い

どちらかの
口座へ振込

太郎さん
（被保険者）の口座

一郎さん
（指定代理請求人）の口座

**認知症のため
払い戻しできない**

**太郎さんのために
使う権限がない**

成 年 後 見 制 度 必 要

家族信託を活用すると…

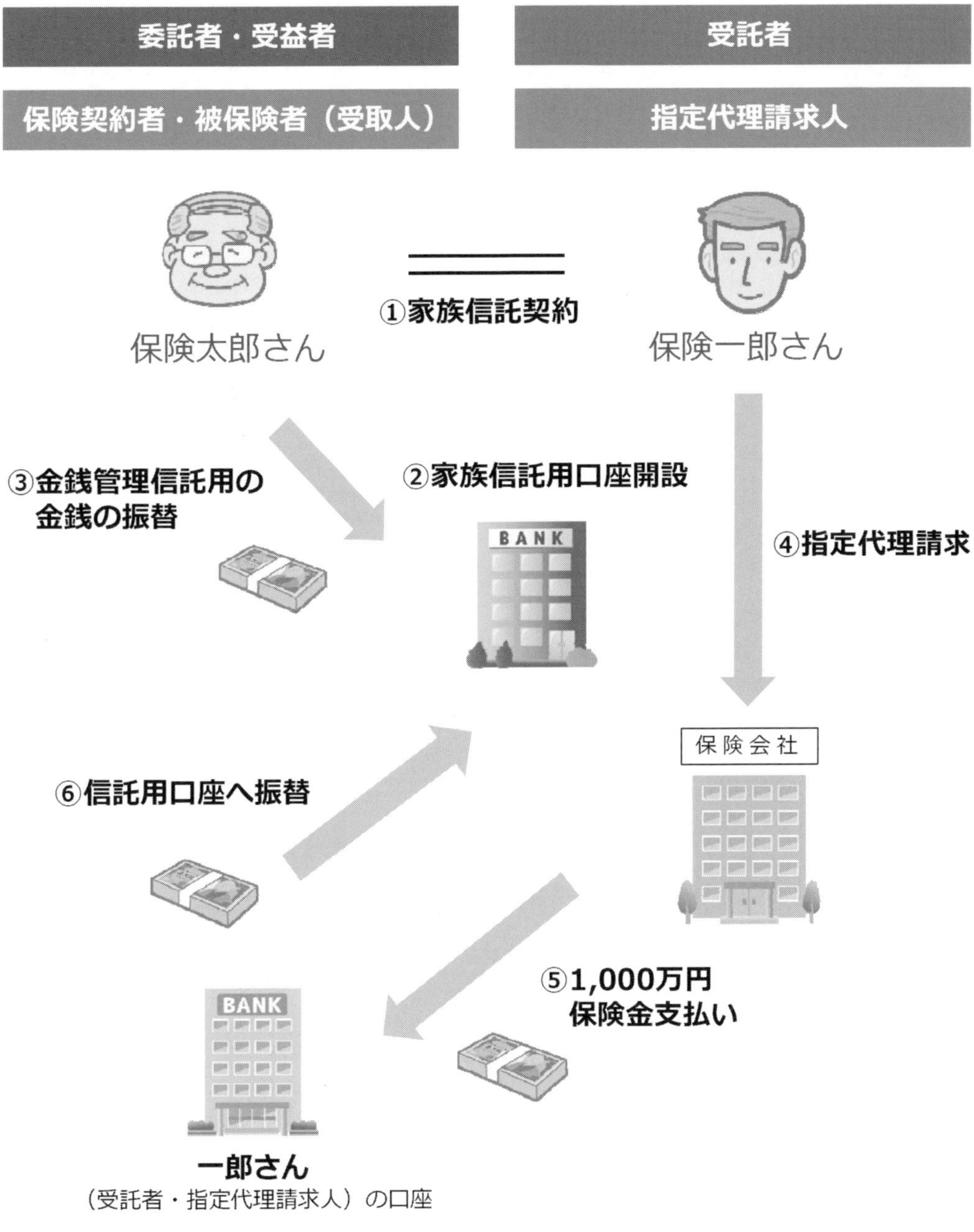

委託者・受益者	受託者
保険契約者・被保険者（受取人）	指定代理請求人

保険太郎さん ①家族信託契約 保険一郎さん

③金銭管理信託用の
金銭の振替

②家族信託用口座開設

BANK

④指定代理請求

保険会社

⑥信託用口座へ振替

⑤1,000万円
保険金支払い

BANK

一郎さん
（受託者・指定代理請求人）の口座

付）自筆証書遺言のサンプル

　相続法（民法）等の改正により自筆証書遺言の方式が緩和され、平成31年1月13日から施行されました。同日以降に自筆証書遺言をする場合には、新しい方式に従って遺言書を作成することができます。

　全文の自書が必要であった自筆証書遺言の方式が緩和され、自筆証書遺言に添付する財産目録については自書でなくてもよくなりました。ただし、財産目録の各頁に署名押印することが必要です。

　財産目録の形式については、署名押印のほかには特段の定めはありません。したがって、書式は自由で、遺言者本人がパソコン等で作成してもいいですし、遺言者以外の人が作成することもできます。

　また、例えば、土地について登記事項証明書を財産目録として添付することや、預貯金について通帳の写しを添付することもできます。いずれの場合であっても、財産目録の各頁に署名押印する必要があります。

遺言書

遺言者保険太郎は、次のとおり遺言する。

1. 遺言者は、遺言者の有する別紙目録第1記載の不動産（土地と建物）を遺言者の妻保険花子（昭和○年○月○日生）に相続させる。

2. 遺言者は、遺言者の有する別紙目録第2記載の預貯金を遺言者の長男保険一郎（昭和○年○月○日生）に相続させる。

3. 遺言者は、遺言者の有する金500万円を遺言者の孫の保険幸一（上記保険一郎の長男）（平成○年○月○日）に遺贈する。

4. 遺言者は、○○生命保険会社の生命保険契約（保険証券番号：○○○－○○○○○）における死亡保険金受取人は当初妻の花子一人を指定していたが、これを妻の花子、長男の一郎、孫の幸一の三人を受取人に変更する。受取の割合は均等とし、割り切れない端数は、妻の花子に取得させる。

5. 遺言者は、上記以外の遺言者の有する財産全部を前記妻保険花子に相続させる。

6. 遺言者は、遺言者の長男保険一郎に対し平成30年4月1日、同人の住宅資金として金1000万円を贈与したが、民法第903条第1項に規定する相続財産の算定に当たっては、当該贈与額は、相続財産の価額に加えないものとする（特別受益の持戻し計算免除の意思表示）。

付言事項

　花子、これまで世話になりました。大変感謝しています。ありがとう。
一郎と幸一は残されたお母さんのことを頼みます。家族皆が仲良く暮らしていくことを望んでいます。
　今までどうもありがとう。

　令和○年○月○日

　　東京都立川市曙町○丁目○番○号

　　遺言者　保険太郎　㊞

別紙目録

第1　不動産（土地及び建物）

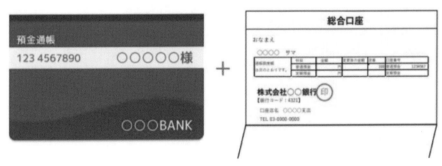

第2　預貯金

保険太郎　㊞

＜ご質問＞
　本書の内容に関するご質問については、下記ホームページにて受け付けております。お気軽にご利用下さい。

「保険の保全ドットコム」ホームページ
https://hokennohozen.com/

【プロフィール】

佐藤雅孝　（さとう まさたか）
大手生命保険会社の元機関長。税理士、行政書士。
税務に明るく、中小法人マーケットに強い。

（第5章執筆者）
坂本拓也　（さかもと たくや）
株式会社 The UNIBEST Group　代表取締役。
一般社団法人民事信託活用支援機構　理事。
行政書士。
成年後見や、遺言、信託といった高齢者向けの財産管理、
財産承継スキームに明るい。

〈増補改訂新版〉
事業承継対策と金庫株活用法

平成20年1月25日　　初版発行	定価（本体1,200円＋税）
令和2年7月26日　　増補改訂新版発行	

著　者　　佐藤　雅孝
発行者　　今井　進次郎
発行所　　株式会社 新日本保険新聞社
　　　　　550-0004　大阪市西区靱本町1-5-15
　　　　　TEL （06)6225-0550（代表）
　　　　　FAX （06)6225-0551
　　　　　ホームページ https://www.shinnihon-ins.co.jp/

ISBN978-4-905451-90-7　　　　印刷／ 株式会社 廣済堂
　　　　　　　　　　　　　　　　　豊中市蛍池西町2-2-1

※本書は令和2年5月1日現在の税制に基づいて作成しています。個別の取扱い
　については、所轄の国税局・税務署又は税理士にご確認願います。
※ネット上を含め、無断転載を禁じます。